관계의 거리, 1미터

KB067138

_____ 님의 소중한 미래를 위해
이 책을 드립니다.

관계의 거리, 1미터

홍종우 지음

사람과 사람 사이의
건강한 거리

메이트북스

메이트북스 우리는 책이 독자를 위한 것임을 잊지 않는다.
우리는 독자의 꿈을 사랑하고,
그 꿈이 실현될 수 있는 도구를 세상에 내놓는다.

관계의 거리, 1미터

초판 1쇄 발행 2020년 7월 1일 | 지은이 홍종우
펴낸곳 ㈜원앤원콘텐츠그룹 | 펴낸이 강현규·정영훈
책임편집 최예원 | 편집 안정연·유지윤 | 디자인 최정아
마케팅 김형진 | 경영지원 최향숙 | 홍보 이선미·정채훈·정선호
등록번호 제301-2006-001호 | 등록일자 2013년 5월 24일
주소 04607 서울시 중구 다산로 139 랜더스빌딩 5층 | 전화 (02)2234-7117
팩스 (02)2234-1086 | 홈페이지 www.matebooks.co.kr | 이메일 khg0109@hanmail.net
값 15,000원 | ISBN 979-11-6002-289-6 03190

이 도서의 국립중앙도서관 출판시도서목록(CIP)은 e-CIP홈페이지(http://www.nl.go.kr/ecip)에서
이용하실 수 있습니다.(CIP제어번호 : CIP2020024015)

좋은 사람과 만나는 것은
신이 주는 축복이다.
그 사람과의 관계를 지속시키지 않으면
축복을 저버리는 것과 같다.

• 데이비드 팩커드(휴렛팩커드 창업자) •

관계의 어려움이
가벼워졌으면 좋겠습니다

이 책을 쓰기로 시작하기에 앞서 한 명의 사람을 만났다. 출판사 대표다. 한 번의 만남이 틀어지고 계약한 지 1년이 되는 시점에 만난 것이었다. 푸근한 인상을 주는 사람이다. 출판사 대표답게 책에 대한 지식이 놀라웠다.

"○○○ 책 읽어 보셨나요?"
"○○○ 작가 아시나요?"

그날 출판사 대표가 언급한 책 중 읽어본 책은 거의 없었다. 그리고 대부분의 작가에 대해 알지 못했다. 당시 내가 읽고 있던 책은 헤밍웨이 작품 '노인과 바다'였다. 난 책 편식쟁이다. 적지 않은 양의 독서를 한다고 하지만 같은 책을 읽고 또 읽는다. 한 작가에 꽂히면 그 작가의 책을 몽땅 사서 읽는다. 이것이 내 독서방식이다. 이러다 보니 출판사 대표와 대화가 잘 이어지지 않았다. 한참 책 이야기를 하다가 대표는 묵직한 한방을 날렸다.

"선생님 글은 마음이 힘든 사람이 읽는 겁니다."

이 말을 들은 뒤부터 마음이 답답했다. 돌아가는 차 안에서 한참을 생각했다. 한 가지 결론에 도달할 수 있었다. 난 출판사 대표 앞에서 부끄러웠단 사실이었다. 출판사 대표가 언급한 책, 작가를 모른다고 답했을 땐 그럴 수 있다며 스스로 위안했다. 정신과 의사가 꼭 알아야 할 만한 책, 작가들은 아니었기 때문이다. 그런데 그 말은 무척이나 나를 부끄럽게 만들었다.
사람들은 내게 자주 이런 말을 한다.

"마음이 힘든 사람들만 보니 스트레스가 많으시죠?"

환자 보느라 지친 의사의 모습에 안쓰러워하는 인사말일 수도 있는 이 질문에 반항심이 생겼다.

"정신과 의사도 의사예요. 다른 의사 선생님들과 큰 차이가 있을까요."

정신과 수련 시절. 환자를 보는 것이 힘들었다. 난 환자의 감정에 너무 쉽게 동조가 되었다. 급기야 선배와 다툰 일도 있었다. 선배의 따끔한 지적.

"너 지금 환자에게 조종당한 거야."

너는 정신과 의사다.
객관적 태도로 환자를 봐야 한다.
중립적 자세를 유지해야 한다.

많은 환자를 마주하고 이런 태도를 유지하기 위해 노력해왔다. 그래서 요즘은 환자를 보는 것이 크게 힘들지 않다고 이야기한다. 정신과 의사란 직업에 충실한 덕분이다. 글을 쓰기 시작했을 때, 내 마음도 다르지 않았다. 독자들에게 지적인 만족감을 주고 싶었다. 이 책을 읽는 사람이 마음이 힘든 사람이란 사실은 까맣게 잊고 있었던 것이다. 난 처음부터 다시 글을 써야 했다.

나는 정신과 의사다.

내게 오는 사람은 '아픈 사람'이다.

난 그 아픔을 치료해주는 직업을 가진 사람이다.

개원을 한다고 했을 때 선배가 내게 한 말이 있다.

"난 환자에게 많이 배워."

선배는 환자를 통해 알게 된 내용에 정신과적 지식을 적용하면 환자를 치료하는 데 큰 도움이 된다고 이야기했다. 선배가 이야기를 맺으며 스치듯 한 이야기가 있다.

"어쩌면 우리는 정신과에 특화된 카카오톡 서버가 아닐까?"

이 말이 어떤 정신과 선생님에겐 거슬리게 들릴 수도 있다. 하지만 난 선배와 같은 생각이다. 난 매일 환자에게서 많이 배운다.

정신과 의사로서 논문을 보고, 나보다 앞선 선배 선생님들의 강좌를 듣는다. 다양한 분야 사람들의 책을 읽고 영화를 보며 드라마도 본다. 그리고 환자들의 이야기를 듣는다. 정신과 의사란 직업 덕에 나와 긴 시간 동안 관계를 맺지 않은 사람에게도 마음 속 깊은 이야기를 들을 수 있다. 난 이 모든 내용을 차곡차곡 정리해 둔다. 그리고 환자에게 이 내용을 전한다. 그들이 다시 일어설 수 있도록 말이다.

'관계의 거리, 1미터'도 이렇게 나온 책이다. 내 좁은 진료실에서 오고가는 대화와 감정을 묶어낸 책이다. '1미터'라는 거리. 진료실에서 나와 환자 사이의 거리다.

우습게 들리겠지만 나만의 진료실이 생기고 나와 환자 사이의 거리를 얼마나 둘까 많이 고민했다. 될 수 있으면 환자의 전체 모습을 보고 싶어 '1미터' 정도 거리를 두고 1인용 소파를 두었다. 처음 온 환자는 대부분 그 1인용 소파 자리에 그대로 앉았다. 그런데 시간이 지나면 사람마다 태도가 달라진다. 힘들게 의자를 옮겨 다가오는 사람이 있는 반면 여전히 그 자리에 그대로 앉는 사람도 있다.

그리고 잠깐 얼굴만 보고 가려는 사람도 있다. 이런 모습을 지켜보며 '1미터'라는 이 거리에 묘한 감정이 스며들었다.

1미터 안으로 다가왔으면 하는 사람이 있다.

1미터 정도에 있었으면 하는 사람도 있고,

때로는 1미터 밖에서 지켜보고 싶은 사람도 있다.

누군가는 이 책에 대해 불평할 수 있다. 이 책 어디에도 명확한 답은 없다. 출판사에선 끊임없이 내게 요구했다.

"선생님, 그래서 어떻게 하라는 거죠? 여기에 대한 내용이 좀 풍성하게 들어갔으면 좋겠어요."

그런데 난 고집스레 그런 내용을 최대한 배제하려고 했다. 그러고 보니 진료실에서도 환자들은 내게 자주 묻는다.

"선생님, 제가 어떻게 해야 하나요?"

"그래서 답은요?"

관계를 원활하게 하는 데 만능으로 통용되는 정답이 있다면 나도 좋겠다. 다양한 사람들이 정말 여러 가지 형태로 관계를 맺고 있다. 단둘만 얽혀 있는 관계에는 문제가 없는데 회사만 들어가면 외톨이가 되는 사람이 있다. 연애 시절엔 전혀 문제가 없지만 결혼만 하면 갈등이 깊어져 두 번이나 이혼한 여자가 있고, 인간관계가 좋다는 이야기를 듣지만 가족과는 연락을 끊고 산 지 여러 해 되는 남자도 있다.

몇 권의 책을 읽는다고 해서 누군가의 강연을 듣는다고 해서 관계의 어려움이 해결되진 않는다. 정신과 진료실에서 이뤄지는 대부분의 치료가 그렇듯 한 번으로 바뀌는 것은 없다. 내 인생 전체를 통해서 서서히 나는 만들어지는 것이다. 결국 나는 관계로 인한 어려움에서 조금씩 벗어날 것이며, 누군가는 내가 옆에 있었으면 하는 사람으로 나는 성장할 것이다.

이 책은 조그만 내 진료실에서 오고 가는 내용 중 관계에 대한 이야기들로 채워졌다. 이 이야기들로 조금이나마 당신이 가지고 있는 관계의 어려움이 가벼워졌으면 좋겠다.

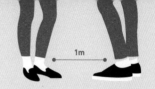

관계의 거리
1미터

우린 이미 비대면 시대로
가고 있습니다

공황발작으로 찾아온 그녀. 일주일 동안 벌써 두 차례나 응급실을 다녀온 뒤였다. 어떤 증상이 있었는지 파악한 뒤 물었다.

"최근 스트레스를 심하게 받은 적이 있었나요?"

이 질문에 그녀는 다소 격앙된 목소리로 대답했다.

"병원을 방문할 때마다 선생님들이 계속 스트레스가 뭔지 물어요. 전 정말 모르겠거든요. 그런데 계속 물어보니 스트레스를 찾게 돼요. 코로나 때문인가요?"

그녀에게 미안했다. 나는 공황발작으로 온 환자에게 원래 스트레스가 무엇인지 처음에는 잘 묻지 않는다. 공황발작으로 응급실을 방문해 본 적이 있는 난 힘들어 죽겠는데 의사가 원인을 따지고 있어서 너무 미웠던 경험이 있다. 그래서 공황발작을 경험했다고 하면 증상을 파악하고 환자를 안심시키는 데 더 집중한다.

그런데 요즘은 부쩍 원인을 자주 묻게 된다. 바로 코로나 바이러스 때문이다. 주변에서 코로나 블루, 코로나 불안증을 너무 자주 이야기하다 보니 나도 모르게 환자에게 묻게 되는 것이다. 은연중에 '코로나 바이러스'로 인해 이 증상이 온 것이라는 대답을 기대하며 말이다.

코로나 바이러스는 전 세계인의 일상을 흔들어놓았다.

비대면 시대.

전 세계 정부는 하나같이 사람과 직접 접촉하는 것을 금지했다. 눈길을 끄는 뉴스가 중국에서 들려왔다. 이혼율이 증가했단 이야기였다. 그런데 한 달이 지나자 '코로나 베이비붐'이 일 것이란 기대와 전망에 대한 뉴스가 나왔다. 베이비붐의 전조(前兆)

현상인 피임 기구 수요가 폭증했다는 것이었다. 상반된 뉴스다. 두 기사 모두 자세히 읽어보면 성급한 예측이란 생각이 든다.

'코로나 블루', '코로나 불안증'. 정말 이것은 실체가 있는 것일까?

한 설문조사에서 절반이 넘는 사람이 '코로나 블루'를 겪은 적이 있다고 대답했다. 이유는 누구나 예상했듯 고립, 외출 자제로 인한 답답함, 지루함이다. 정부에서는 우울함이 있으면 지역 정신건강복지센터에서 도움을 받으라고 대대적으로 홍보했다.

난 지역 소도시에서 정신건강복지센터에서도 일하고 있어서 이 홍보의 결과를 알고 있다. 적어도 내가 일하고 있는 지역에서 이 홍보는 실패다. 전 국민이 몇 개월째 사회적 거리를 두고 있고 고통받는다고 하지만, 문의 건수는 예상과 달리 저조하다.

병원에서도 마찬가지다. 코로나로 인해 정신과 환자가 늘었단 생각은 들지 않는다. 그동안 코로나로 인해 병원을 꺼렸던 환자들이 오고 있단 정도다. 주변 선생님들의 이야기도 크게 다르지 않다.

물론 새로 병원을 찾는 이든 자주 병원에 오는 사람이든 스트레스에 관해 물으면 '코로나 바이러스'로 인해 너무 힘들다고들

한다. 그리고 실제 '코로나 바이러스'로 인해 우울증, 불안증이 오는 사람도 있다. 그런데 그 이유는 관계를 맺지 못해서가 아닌 '코로나 바이러스'로 인한 경제적 타격으로 우울, 불안이 몰려온 탓이다.

곰곰이 생각해보면 우린 이미 비대면 시대로 가고 있었다. 오프라인에서 친구와 대화하는 시간보다 온라인에서 친구와 대화하는 시간이 많아졌다.

'관계'로 인한 어려움을 호소하는 이와 한참을 이야기하다 뭔가 이상해서 물으면 얼굴 한 번 본 적이 없는 온라인 친구와의 문제로 오는 경우도 심심치 않게 있다. 코로나로 인해 몇 개월째 세상과 거리를 두고 있지만, 누구 하나 관계로 인한 목마름을 호소하진 않는다. 적어도 '관계'라는 측면에 있어서 우린 이미 비대면 시대에 익숙해져 있었던 탓이다.

영화 〈어바웃 타임〉.

'시간 여행'이란 흥미로운 소재를 가진 로맨스 영화다. 개봉한 지 몇 년이 지난 작년에 이 영화를 보게 되었다. 이 영화가 전 세계 중 한국에서 가장 흥행에 크게 성공했다는 기사를 보고 흥미가 생겨서였다. 영화를 본 뒤, 이 영화는 '관계'로 인해 지치고 힘들 때 나를 위로할 수 있는 리스트에 올라갔다.

영화 후반부. 과거로 시간 여행을 할 수 있는 가문에서 태어난 주인공에게 아버지는 행복을 위한 두 단계를 이야기한다. 첫 단계는 평범한 삶을 사는 것이다. 다음 단계는 거의 똑같이 하루를 다시 사는 것이다. 하루를 다시 살면서 불안과 긴장 속에 놓쳤던 부분을 보라고 이야기한다. 매 순간 다가오는 일상에 최선을 다하며 행복하게 즐기라는 아들을 사랑하는 아버지의 당부였다.

하루를 더 살면서 주인공이 보인 변화로 다섯 장면이 나오는데 그중 네 장면이 모두 '관계'에 관한 것이다.

직장 상사에게 야단 받는 친구의 마음을 유머로 다독여 준다.
가게 점원에게 친절하게 대화하고, 재판으로 마음이 힘들었던 사람을 안아준다.
지치고 힘든 하루였지만 아내와 더 대화하는 모습을 보여준다.
이 모든 장면에서 빠지지 않는 것은 미소와 환한 웃음이다.

이제 갓 마흔이 넘은 나이다. 어떻게 관계를 맺어야 하는가에 대한 답을 알 리 없다. '건강한 관계'라는 주제에 관해 이야기할 수 있는 철학적 사고도 없다. 그런데 내가 나아가야 할 방향에 대해 짚으라면 이렇게 말하고 싶다.

나를 찾아오는 이들에게 기꺼이 한 번 더 웃어주는 것.
그리고 그들과 관계에 대해 소중하게 생각하고, 그들과 적당한 거리에 있으며, 이 관계를 이어가려고 노력하는 것이다.

1

이 관계 어떻게 시작할까요?
: 관계 맺음이 어려운 나

2
이 관계 어떻게 유지할까요?
: 관계 유지가 어려운 나

3
이 관계 이제 그만하고 싶습니다
: 관계 정리가 어려운 나

정체성(Identity).

뭔가 깊이가 있는 것 같고 어렵기도 한 단어다.

조그만 진료실에서 이루어지는 첫 대화의 목적이

바로 앞에 앉아 있는 사람의 정체성을 파악하는 것이다.

'관계'의 어려움을 호소하는 사람에게도 예외는 없다.

내가 어디에 서 있는지, 어떤 곳을 바라보고 있는지를 아는 것.

이것이 시작이다.

1

이 관계 어떻게
시작할까요?

: 관계 맺음이 어려운 나

서른다섯의 딸이 아직 미혼이라며 한숨을 내쉬는 아주머니.
"지 마음에 드는 남자가 하늘에서 뚝 떨어지나요? 지가 움직여야지."

아주머니는 친구 딸의 결혼식에서 제대로 속이 상한 모양이었다.
자신의 딸이 직업도 외모도 훨씬 나은 것 같은데 몇 년째 연애도 한
번 안 하는 것 같다며 계속 한숨이다.

"연애 좀 하라고 하면 좋은 남자가 나타날 거라고 하며 자기 방으로
들어가버리네요…."

좋은 결말이다. 살면서 늘 경험하지만 좋은 것은 거의 내 것이 아니
었다. 그러나 간혹 내게도 좋은 것이 왔다. 안타까운 건 간혹 내게
온 좋은 것마저 놓쳐 버리는 경우가 있단 사실이다. 놓쳐버렸단 사
실을 모르고 지나갔으면 좋았을 텐데 언젠가는 생각이 나서 사람을
괴롭힌다.

각 나라마다 비슷한 의미가 있는 속담이 있다. 인생에서 기회는 반드시 찾아온다는 의미의 속담들이다. 내게 이 속담을 처음 전한 사람은 고등학교 시절 윤리 선생님었다. 인생에서 적어도 세 번의 기회가 오니 놓치지 말라는 말씀이었다.

왜 하필 세 번인진 모르겠지만 처음 들었을 때부터 나는 '관계'에 이 이야기를 녹였다. 살면서 소중한 친구가 꼭 세 명은 내게 다가올 것이라고 말이다. 서른다섯의 아주머니 딸을 포함해 나처럼 생각하는 사람이 아주 많았다.

지금까지 결과는 이렇다. 내게는 세 번보다 훨씬 더 많은 기회가 있었다. 하지만 좋은 사람을 옆에 둘 수 있는 많은 기회를 놓쳤다. 난 항상 느렸기 때문이다. 늘 하는 이야기지만 사람마다 속도가 다르다. 나처럼 느리다고 생각하면 좋은 방법이 있다. 먼저 출발하면 된다. 관계에서 이것은 반칙이 아니다.

나를 바라보기
당신의 인간관계는요?

"그냥 왔어요."

29세, 윤예슬.

어색한 몸짓. 흔들리는 눈빛. 그녀는 진료실에 놓여 있는 두 개의 의자 중 어디에 앉아야 하는지를 물었다. 그리고는 느릿한 몸짓으로 다른 의자에 외투와 가방을 놓았다. 자리에 앉아서 그녀가 꺼낸 첫마디가 바로 그냥 왔다는 말이었다. 정신과가 처음이라 어떻게 말해야 할지 모르겠다며 말이다.

어떻게 오셨어요?

태어나 처음 가보는 정신과 진료실. 이상하게 무서울 것 같은 의사가 앉아 있다.

'과연 정신과 의사는 첫마디로 내게 뭐라 말할까?'

한 고등학교에 초청받아 강좌를 한 적이 있었다. 그곳엔 정신과 의사에 대한 호기심으로 가득찬 친구들이 모여 있었다. 그들에게 같은 질문을 던졌다.

"환자와 처음 대면하는 순간. 정신과 의사는 환자에게 뭐라 말할까요?"

"우울한 분들이 많이 오시니 '표정이 왜 이렇게 어두우시죠?' 이렇게 말할 것 같아요."

"불면증 환자가 더 많지 않나요. '요즘 잘 주무세요?' 이렇게 말할 것 같은데요."

"환자를 처음 봤는데 정신과 의사도 인사를 하겠죠. '안녕하세요' 이렇게요."

마지막 답을 한 다소 시니컬한 아이에게 웃으며 네가 정답일 수 있겠다고 말했다.

많은 이들이 첫 대면이 중요하다고 말한다. 어떤 이들은 첫인상이 관계에서 거의 모든 것을 결정짓는다고 주장하기도 한다. 정신과 의사로 커나가기 위한 교육도 이런 내용과 크게 다르지 않았다.

정신치료에 들어가면 매 치료 순간 환자를 어떻게 맞이해야 하는지 배우게 된다. 그리고 이 순간이 매우 중요하다고 가르침을 받는다.

일반 외래에선 인사를 주고받는 것이 너무 자연스럽지만 정신치료에 들어서면 환자에게 인사를 먼저 건네는 것은 피해야 한다. '안녕하세요'라고 인사를 건네는 순간, 환자는 치료자를 만나기까지 자신의 머릿속을 가득 채우고 있던 여러 가지 생각을 접어둬야 한다. 관습상 나오게 되는 일련의 대화를 위해 말이다. 둘 사이에 흐르는 긴장감이 사라져버려 치료를 방해하는 요소가 되는 것이다.

'시작하죠.' 이 정도가 그날 치료를 시작하기 위한 적당한 말이다. 가능한 열린 질문을 하라고 교육받는 것이다. 환자가 자유롭게 연상이 가능하도록 말이다.

일반 외래지만 정신치료를 좋아하는 난 환자를 처음 대할 때 이렇게 한다. 꾸벅 고개를 숙이고 손짓으로 자리를 안내한다. 그리고 바로 묻는다.

"안녕하세요. 어떻게 오셨어요?"

여러분에게도 묻고 싶다. 어떻게 이 책을 선택하게 되었는지 말이다.

난 많은 책을 읽지 않는다. 좋아하는 작가의 책을 반복해서 읽는 것이 좋다. 어린 시절 용돈을 받기 위해 다양한 책을 읽고 독후감을 적었다. 책을 읽은 후, 뒤 여백에 한 페이지 가득 글을 적으면 부모님께서 천 원을 주셨다.

이로 인해 얻은 것 두 가지를 꼽자면 이렇다. 하나는 정독보단 읽고 또 읽는 것이 내겐 도움이 되었단 사실이고, 다른 하나는 책 여백에 뭔가 끄적여둬야 편해지는 습관이다. 글을 읽은 뒤에는 물론이고 새로운 책을 읽을 때도 짧게라도 먼저 적어 둔다. 내가 왜 이 책으로 오게 되었는지를 말이다.

여러분도 답을 간단히 적고 글을 읽어 내려가는 것이 어떨까 한다. 물론 그냥 이 책을 집어들었을 수도 있다.

누구에게 말하든 틀리기 어려운 말

그냥 속상한 일이 있어서 방문했다는 예슬 씨. 하지만 어떻게 왔느냐는 이야기에 한참을 혼자서 이야기했다. 내가 한마디를 던지면 예슬 씨는 눈을 동그랗게 뜨며 이렇게 말한다.

"맞아요. 선생님은 어떻게 이렇게 절 잘 아세요?"

하루에도 여러 차례 듣는 말이다. 그런데 이런 말을 듣게 되는 이유 중 절반은 누구에게 말하든 틀리기 어려운 말을 환자에게 건네기 때문이다.

"기분이 좋았다 나빴다 하시네요."
"당신은 결정을 내리는 것이 힘들군요."
"화를 참는 것이 어려우시죠."
"……"

그리고 한 가지 더. 바로 이것이다.

"관계를 맺는 것에 힘들어하시네요."

이 말에 쉽게 부인할 수 있는 사람은 거의 없다. 결혼 이후 시댁과의 관계로 어려워하는 환자가 물었다.

"선생님은 이해가 되나요? 전 저희 형님을 정말 이해하지 못하겠어요."
"모든 관계에는 시간이 필요하지 않을까요?"
"선생님, 저 결혼한 지 10년이 넘었어요."
"……"

모든 일에는 쉽고 어려움이 있다. 정신과 의사에게도 마찬가지다. 환자마다 난이도가 있다. 물론 의사마다 나름의 차이는 있을 것이다. 적어도 내겐 '관계의 어려움'을 호소하는 사람이 힘들다. 이유는 단순하다. 시간이 오래 걸린다. 그리고 많은 시간을 들여도 개선이 안 되는 관계가 분명히 존재한다. 하지만 인간의 욕망이란 가지지 못한 것에 더 끌리는 법이다. 그리고 누구에게나 통한다는 것은 그만큼 매력적이라는 것이다.

누구나 안정된 기분을 유지하고 싶어 한다.

누구나 결정을 잘 내렸으면 하며, 누구나 높은 인내력을 갈구한다.

그리고 누구나 원만한 인간관계를 가지고 싶어 한다.

당신의 인간관계는 어떤가요?

진료실을 처음 찾은 초등학생. 초등학생이라 무시하면 안 된다. 그들의 삶에도 가장 소중한 것 중 하나는 인간관계다.

"넌 가장 친한 친구가 누구니?"

다양한 답들이 쏟아진다.

"영철이, 상우, 철수. 음…. 여자애들은 미영, 시라 ….."

'가장' 친한 친구를 물었지만 많은 아이가 이렇게 자신과 자주 어울리는 친구들의 이름을 나열한다. 그들에게 한 명을 결정하는 것은 쉬운 일이 아니다. 고학년이 되면 사려 깊은 아이의 경우 한참을 생각하다 어머니 얼굴을 바라보며 이렇게 답한다.

"음…, 한 명은 못 정하겠어요."

가끔 이렇게 말해 부모님과 나를 당황하게 하는 경우도 있다.

"정말 친한 친구는 없는 것 같아요."

사춘기에 빨리 접어든 여자아이들의 경우 심심치 않게 볼 수 있는 장면이다. 청소년기에 접어들면 아이들의 대답은 달라진다. 정말 친한 한 명의 친구를 답하는 경우가 많다.

"지영이와 제일 친해요."

친한 친구에 대해 묻는 질문은 한 사람에 대해 꽤 많은 정보를 얻을 수 있다. 친한 친구를 이야기하면 언제부터 만난 친구인지, 얼마나 자주 만나는지, 무엇을 하며 시간을 보내는지 등 일련의 대화가 오고가기 마련이다. 그들의 학창시절, 취미생활, 하루 일과, 다른 인간관계 등 자연스럽게 한 사람에 대한 그림이 그려지는 것이다.

하지만 이 질문을 어른들에게는 잘 하지 않는다. 1년 정도 물어봤는데 대답이 시원치 않았던 탓이다. 어른들은 건성으로 답하거나 논리적이지 않은 변명을 늘어놓기 일쑤였다.

"가장 친한 친구가 누구예요?"
"선생님, 제가 인간관계가 그렇게 넓지 않아요. 많은 사람을 사귀기보단 몇 명을 깊게 사귀려고 해요. 그래서 친한 사람이 많이 없어요."

좁은 인간관계를 맺을수록 한 명을 선택하는 것이 더 쉬웠을 텐데 이렇게 이야기가 흘러가다 보니 질문을 바꿨다.

"당신의 인간관계는 어떤가요?"
"다 적당히 친해요."

대답은 대부분 별 문제가 없다고 한다. 그러면서 그들은 오늘 내게 직장 내 상사와의 어려움에 대해 이야기하고, 아내와 몇 년째 별거중이며 이혼을 생각 중이라 말한다. 군이 그들을 위해 변명하자면, 다른 인간관계는 괜찮은데 유독 직장상사 혹은 아내와 관계가 삐걱거린단 뜻일 테다.

정말 인간관계의 어려움을 호소하는 이들은 그들의 인간관계로 둘 중 하나를 선택한다.

넓고 얕은 인간관계.
또는 좁고 깊은 인간관계.

간혹 주변에 사람은 많은데 너무 얕은 관계만 있는 것 같다며 어려움을 호소하는 사람이 있다. 하지만 그들의 속내를 들여다보면 전혀 다르다. 인간관계의 문제라기보단 최근 여러 가지 사건으로 인한 스트레스로 지쳐 있는 경우가 많다. 관계에서 오는 피곤함, 허무함이 한꺼번에 몰려와 일시적으로 자신의 인간관계를 깎아내리는 것이다.

사실은 그들 대부분 원만하게 관계를 이어가고 있다. 물론 그들의 폭넓은 인간관계에서 일부분의 사람과는 얕은 관계에만 머물 수 있다. 그러나 꽤 많은 이들과 깊은 관계를 맺고 있다는 것을 쉽게 알 수 있었다. 어쨌든 그들의 인간관계에서 확실한 것은 주변에 사람이 많다는 사실이다.

그리고 우리도 안다. 이런 사람과 이상하게 친해지고 싶고, 이들과 얕은 관계에만 머물고 싶어 하지도 않는다는 것이다. 얕은 인간관계에만 머물도록 상대방이 놓아주지 않는데 그들이 그런 관계에만 머물기란 쉽지 않다. 결과론적이지만 그들 주변에 괜히 사람이 많은 것이 아니다.

좁고 깊은 인간관계. 많은 어른이 주장하는 자신의 인간관계다. 이런 인간관계를 가진 사람이 진정으로 '관계'로 인해 힘들어하거나 힘들어질 수 있는 사람이다.

왜 좁은 인간관계를 맺을 수밖에 없었을까? 여러 가지 이유가 있었을 것이다. 자의든 타의든 이것이 그들 인간관계의 한계다. 그럼 이들이 정말 깊은 인간관계를 맺고 있을까? 인간이 가지고 있는 관계를 맺고 싶은 욕망을 해결하기 위해선 깊을 수밖에 없다. 적어도 한쪽에선 깊어지려고 노력한단 사실이다.

난 관계를 맺는다는 것은 놀이라고 이야기한다. 재밌게 놀고 싶은 것은 인간의 본능이다. 우리가 관계에 목매는 이유다. 좁고 깊은 인간관계에는 심각한 충돌이 발생할 수 있다. 한 사람과 깊은 관계를 유지하기 위해선 상대방도 나와 깊은 인간관계를 맺어줄 여유가 있어야 한다.

운 좋게 평생 깊은 관계를 함께 유지할 수 있는 사람을 찾으면 좋겠지만 쉽지 않은 일이다. 깊은 관계의 끝판왕 격인 부부 사이도 대한민국에서만 한 해 10만 건이 넘게 이혼하고 있다.

인간관계에 대한 어려움을 호소하며 나를 찾는 이들의 거의 대다수는 사실 좁고 깊은 인간관계를 맺는 이들이다. 이들의 좁고 깊은 인간관계 중 하나라도 삐거덕거리면 그 충격은 너무나 크다. 학생들은 등교를 거부하게 되고, 어른들은 삶의 여유를 잃고 초조해진다. 좁고 깊은 인간관계가 가지는 위태로움이다.

그냥 왔다는 예슬 씨는 남자친구와 헤어진 후 병원을 방문한 것이었다. 이유는 사소했다. 자신보다 친구들과 더 많은 시간을 보내는 남자친구에게 서운함을 표현하다 다툰 것이다. 큰 다툼은 아니었다. 하지만 남자친구의 한마디에 예슬 씨는 큰 상처를 받았다.

"넌 친구도 없냐?"

가만히 생각해보니 예슬 씨는 '친구'라고 할 만한 사람이 주변에 없는 것 같다고 했다. 고등학교 시절부터 단짝이었던 친구와 언제부턴가 연락하지 않고 지내고 있다고 했다. 그녀의 좁고 깊

은 인간관계에 뭔가 문제가 생겼단 사실을 그때서야 자각한 것
이었다.

예슬 씨는 관계에 갈등이 생기면 지금도 이따금 병원에 들른
다. 그러면서 내게 되묻는다. 왜 계속 여기에 오게 되냐고 말이
다. 때론 날 원망하기도 한다. 선생님이 제대로 치료해주지 못한
탓이라며 말이다.

처음 병원에 왔을 때와 다른 점이 있다면 가족과 다시 연락을
하고 있고, 새로운 남자친구가 생겼으며, 정기적으로 나가는 직
장이 있다는 점이다. 치료차 만날 때마다 예슬 씨에게 이야기한
다. 당신이 추구해야 할 것은 결국 지금보단 한 단계 넓은 인간
관계라고 말이다.

나를 보이기

커튼을 걷는다. 창문을 연다. 울타리를 치운다.

"선생님, 숨고 싶어요."

31세, 박연화.

그녀는 여섯 달 후 결혼을 앞두고 있다. 연애 기간, 결혼 준비 과정. 모든 것에 문제가 없었다. 그런데 시간이 흐를수록 그녀는 초조해하고 있었다. 자신이 무엇 때문에 이렇게 불안한지 누구에게도 말할 수 없었다. 그러다 어느 날 갑자기 숨이 가빠왔다. 병원을 찾아 검사했지만 결과는 정상이었다.

내가 그린 집

의과 대학 정신과 실습 기간. 교육치프가 우리에게 HTP 검사를 시행했다. 참고로 HTP 검사는 House, Tree, Person의 앞글자를 딴 것인데 이름 그대로 집, 나무, 사람을 그려보라고 지시하고 그린 그림에 대해 질문한다. 이것으로 내담자의 성격, 행동양식, 대인관계를 파악하는 검사이다.

내가 그린 집 그림을 보고 교육 치프가 한 말이 지금도 생생하게 떠오른다.

HTP 검사 중 집그림
(그림 요약: 집 / 커튼이 쳐진 작은 창문 / 울타리 / 하나의 문 그리고 이어진 길)

"조그만 창문 하나에 커튼. 이 조그만 창으로 네가 보고 싶을 때, 보여 주고 싶을 때만 커튼을 열겠다는 거지. 그리고 이 길만을 통해서 너에게 와야 하는구나."

그 말을 들었을 때, 난 마음속에서 외쳤다.

'그림을 못 그려서 이렇게 그린 거야. 네가 내 마음을 어떻게 알아.'

내 마음속 외침이 틀린 것은 아니다. HTP 검사는 단지 그림만 보고 해석하는 것에는 한계가 분명한 검사다. 다양한 질문들이 필수다. 당시엔 시간적 한계가 분명했으니 교육 치프가 인상적인 부분만 짚어 설명한 것이다.

어쨌든 교육치프의 이 말은 내 마음을 아주 깊이 찌르는 듯했다. 그 말 이외 다른 말은 들리지 않았다. 당연히 지금으로선 생각나지도 않는 옛날이다. 하지만 그날의 이 장면은 여전히 생생하다.

난 보여주고 싶은 면만 상대방에게 보여주고 싶었고, 상대방의 보고 싶은 면만 보고 싶었다. 누군가가 내 삶에 깊게 들어오는 것이 싫었고, 내가 누군가의 삶에 깊게 관여되는 것도 싫었다. 누구를 사귀든 혼자 있어야 하는 날이 필요한 사람이 바로 나였다.

그런데 생각해 보면 내 집은 허점투성이였다. 혼자 있는 날이 많아지면 난 어김없이 사람을 찾고 있었다. 그러면 내가 보여주고 싶은 부분만 보여줘도 되는 사람을 만났다. 하지만 늘 뭔가 찝찝했다. 내가 숨기고 싶은 부분을 알면 비웃을까 두려웠다. 그리고 내 주변에 누구도 없게 되는 것이 무서웠다. 오랜 기간 함께 한 친구가 내게 말했다.

"넌 항상 여기까지야."

나보다 별로 잘난 것도 없는 녀석이었다. 그런데 그 녀석은 자신을 드러내는 데 망설임이 없었다. 다소 촌스러운(?) 이름을 가진 그 녀석에게 물었다.

"넌 이름 안 부끄러워?"

홍종우.

어릴 적 난 이름이 마음에 들지 않았다. 10대 땐 너무 가벼운 느낌이 들어 싫었다. 20대 땐 이름이 조금 촌스럽다고 생각했다. 그런데 나보다 더 가볍고 촌스러운 이름을 가진 그 녀석은 항상 자신의 이름을 떳떳이 교과서 이곳저곳에 적어두는 것이었다. 친구들이 놀려도 아랑곳하지 않고 한자로 크게 이름을 적어뒀다. 처음엔 촌스러운 이름을 극복하기 위한 노력인가 했는데 아니었다. 그 녀석은 정말 자신의 이름을 좋아하고 있었다.

인간관계에서도 마찬가지였다. 누구를 사귀던 모든 것을 보여주고 쏟아붓는 녀석이었다. 헤어지는 날이면 항상 세상이 멸망한 것처럼 울었고 열심히 슬퍼했다. 난 녀석을 불쌍하다고 여겼는데 지나고 보니 부러워하고 있었다.

매주 환자들이 시행한 HTP 검사를 살펴본다. 항상 그들이 그린 집그림은 관심의 대상이다. 난 어김없이 내가 처음 그렸던 집그림과 그들의 그림을 비교한다. 그리고 가끔 나도 집 그림을 다시 그려본다. 보통 커다란 네모 하나를 그리곤 한참을 바라보게 된다. 그렇게 한참을 고민하고 다시 네모 하나를 속에 넣는다. 바로 내 마음의 창이다.

내가 만든 타인의 시선

결혼을 앞둔 여성이 병원을 찾아오면 대개는 미래의 남편 또는 시댁과의 갈등이다. 결혼을 준비하는 과정에서 이전엔 남편에게 찾아볼 수 없던 면들이 보이기 시작한다. 그리고 배우자로 인해 맺어지게 되는 새로운 관계들에 대한 어려움이 몰려온다. 그러면서 결혼이란 결정에 혼란을 겪는 여성이 가끔 정신과를 찾는 것이다. 그런데 연화 씨는 달랐다.

"선생님, 제가 내년 봄에 결혼을 계획하고 있거든요. 그런데 너무 걱정돼요. 이 결혼을 통해 너무 많은 것이 주변에 알려지게 되는 것이 싫거든요. 전 그냥 조그만 결혼식을 하고 싶어요. 그런데 사람들이 절 이상하게 볼까 봐 신경 쓰이고, 부모님에게 미안해서 그러지도 못하겠어요. 남편은 정말 좋은 사람이거든요. 그런데 좋은 직업은 아니에요. 이런 생각이 가득하다 보니 시간이 지날수록 점점 힘들어요."

그녀는 왜 다른 사람의 시선에 그토록 신경을 쓰는 것일까?
결혼을 앞두고 병원까지 왔던 이유는 무엇이었을까?

그녀가 내게 한참을 말한 내용은 한마디로 '창피함'이다. 조그만 결혼식을 원한다고 했지만 가난함이 들키기 싫어 호텔에서 결혼하고 싶은 그녀였다. 남편의 친구들이 부끄럽다고 했다. 자신의 친척, 농사를 짓는 부모님. 그 모든 것을 친구, 직장 동료에게 보이고 싶지 않다고 했다.

그녀는 확신했다. 이 모든 것들로 인해 사람들이 자신을 비웃을 것이라고 말이다. 겉으로는 이전처럼 자신을 대하겠지만 속으로는 이전과 달리 자신을 바라보는 그들의 시선이 무섭다고 말했다. 그녀는 이런 생각에 사로잡히면 호흡이 가빠졌다. 지난 주말 응급실을 방문한 그녀였다. 공황발작. 결혼을 앞두고 그녀가 나를 찾은 이유였다.

많은 사람이 타인의 시선을 두려워한다. 나도 여전하다. 조금씩 내려놓으려고 하지만 쉽지 않다. 그녀의 이야기를 들으며 나도 아직은 타인의 시선이 두려운 연약한 사람이라고 말하고 싶었지만 꾹 참았다. 대신 개인 병원을 운영하는 모든 정신과 의사들의 고충을 털어놓았다.

"많은 사람이 의사를 욕하지만 그래도 여전히 가장 신뢰받는 직업 중 하나는 의사예요. 정신과 의사. 그들에게 거는 기대는 타과 의사보다 좀 더 큰 것 같아요. 정신과 의사는 착한 사람임과 동시에 심리적으로 강한 사람이란 인식이 있죠. 알고 보면 똑같은 사람이라서 나쁜 짓도 하고 상처도 많이 받는데 말이죠. 그래서 항상 주변의 눈을 의식하게 돼요."

세 번째 만나는 날. 그녀는 나를 보자 바로 울음을 터뜨렸다. 주변의 시선을 너무 의식하는 자신이 싫다고 말했다. 사랑하는 남편에게 너무 미안한 마음이 든다고 했다. 그리고 내게 고맙다고 했다. 세 번의 만남 동안 그녀에게 해준 건 소량의 약물과 몇 마디 대화가 전부였다. 장난스레 물었다. 뭐가 고맙냐고 말이다.

"선생님, 전 정신과 의사에게 큰 기대가 없었어요. 착한 사람이라고 생각한 적도 없고요. 공황발작으로 응급실을 갔을 때, 정신과를 방문해 보면 도움을 받을 수 있다고 해서 온 거예요. 그리고 전 의사를 그렇게 신뢰하지 않아요. 돈을 잘 버는 고생스러운 직업. 그 정도예요."

그녀를 치료하며 내가 정신과 의사라 타인의 시선을 많이 의식한다고 했던 말이 그녀의 마음을 움직였다. 적은 치료 시간이었지만 다른 좋은 말도 한 것 같은데 섭섭한 마음도 있었지만, 그녀도 나도 미소지을 수 있었다. 그녀는 의사들이 신뢰받는 직업이란 사실을 날 통해 처음 들었다고 말했다. 그러면서 다들 자신이 만들어 낸 타인의 시선으로 마음을 졸인다는 생각에 다소 마음이 편해졌다고 했다. 나보고 편하게 살라고 웃으며 농담도 하며 말이다. 그러고 보니 아내도 내게 말한다. 다른 사람 시선에 큰 신경 쓸 필요 없다고 말이다.

"혹시 지역 주민이나 환자가 우리 병원에 불만을 이야기하면 변명하지 마세요. 그냥 원장님이 미안하게 생각한다고 전해주세요."

병원 직원들은 나보고 적당히 하라고 타박이다. 분명히 타인의 시선은 존재한다. 하지만 타인의 시선 중 상당 부분은 내가 만들어 낸 것이다. 자신의 약점은 스스로 너무 잘 알고 있다. 약점을 숨기고 싶은 것은 인간이 가진 본성이다. 그리고 약점을 들켰을 때 어떻게 대처해야 하는지 준비하는 것도 당연한 방어다. 그래서 모든 상황을 가정한다. 이 약점은 어떻게 숨겨야 하고, 만약 들킨다면 어떻게 대처해야 하는지 말이다. 때로 이런 과정에서 불안함이 몰려온다. 많은 사람이 이 불안함이 싫어서 선택하게 되는 것은 바로 더욱더 철저하게 약점을 숨기는 것이다. 자신을 보이지 않는 것. 어쩌면 나도 지금 이 책을 읽는 여러분도 오랫동안 이 전략을 써왔는지 모르겠다.

내 아버지의 약점

가끔 가족 간 대화 양상을 살펴보기 위해 내 앞에서 자유롭게 이야기를 해보라고 한다. 처음엔 의사 앞이라 대화를 망설이는 가족이 많다. 하지만 어색함은 곧 사라지고 이런 장면을 예상이라도 한 듯 이야기를 쏟아낸다. 내용은 거의 상대방에 대한 불만. 대부분 쉽지 않은 가족 간 갈등이다.

간혹 (남편이 아닌) 아버지가 치료에 참여하는 경우가 있다. 중년의 아버지, 10대 아들은 예나 지금이나 참 어렵다. 사건은 거의 비슷하다. 학교에서 술, 담배, 폭력 등으로 문제를 일으키는 중학생 아들. 40대 아버지는 참다못해 아들을 때린다. 아들은 더욱 반항한다. 아버지가 싫다며 더욱 밖으로 도는 아들. 몸집이 커지자 아버지에게 대드는 모습도 보인다. 결국 아내, 어머니의 손에 이끌려 아버지와 아들이 이곳까지 찾아오게 되는 것이다.

단단히 각오한 중년의 아버지. 아들을 노려보며 이야기를 시작한다.

"내가 너만 할 때는 말이야."

한숨이 새어 나온다. 가장 치료가 오래 걸리는 경우다. 이렇게 말을 이어가는 아버지에게 발견되는 공통점이 있다. 앞에 있는 의사가 당연히 자기편을 들어주리라 생각한다는 것이다. 의사의 조언이 자기 생각과 다르면 매우 서운해한다.

계속 말이 없는 아버지도 많다. 한참을 기다리게 한 뒤에 하는 한마디.

"아버지가 미안하다. 이제 안 그러마."

정신적으로 성숙한 아이는 눈물을 흘리며 아버지의 마음에 공감한다. 하지만 미숙한 아이는 자신이 승리했다고 생각한다. 더욱 고삐 풀린 망아지처럼 행동하는 아들. 이러면 난 부모를 설득하는 데 애를 먹는다.

"아이에게 필요한 건 끊임없는 부모의 노력이에요. 포기하지 않고 다가가면 내 아이도 결국 바뀔 겁니다."

그런데 간혹 이런 아버지가 있다.

"아버지도 사고뭉치였다. 담배도 피우고, 술도 마시고. 그래서 무섭더라. 네가 나랑 너무 똑같이 행동해서. 네가 안 그랬으면 좋겠다는 마음이 너무 컸다."

이야기를 들은 아들은 아무 반응이 없다. 하지만 난 아이의 눈빛에서 상당히 치유되었다는 것을 알 수 있다.

내게도 소중한 경험이 있다. 중학교 2학년. 아버지가 날 시내 조그만 식당으로 불렀다. 내 아버지는 초등학생 때 사고로 아버지를 잃었다. 그래서 중학생이 된 아들을 어떻게 가르쳐야 하는지 배운 적이 없다.

"초등학교 4학년 때 난 시골에서 담배도 피우고 술도 배웠다. 그런데 중학생인 네가 안 그래서 참 고맙다. 아버진 이맘때부터 아버지가 없어서 널 어떻게 키워야 할지 잘 모르겠다."

이 이야기를 하시며 아버지는 눈물을 흘렸다. 그날 아버지는 여러 가지 말을 내게 했다. 하지만 생각나는 것은 이게 전부다.

술, 담배, 눈물, 모르겠다.

난 학창 시절, 술, 담배에 대해 호기심조차 가져본 일이 없었다. 그리고 아버지에게 쉽게 고민을 털어놓을 수 있었고 눈물도 흘릴 수 있었다.

완벽해 보이는 친구

아이들은 놀면서 큰다. 어른이 되어서도 삶에서 가장 중요한 것 중 하나는 얼마나 재미있게 노느냐 하는 것이다.

- 까꿍 놀이 – 아이들 눈에 마법이 펼쳐진다. 엄마가 눈앞에서 나타났다 사라졌다 한다. 아이는 맘을 들었다 놓았다 하는 엄마에게 해맑은 웃음을 선물한다.
- 원조 놀이 – 아이가 퍼즐을 펼친다. 꽤 조각이 많은 퍼즐. 아이는 뭐부터 할지 몰라 망설인다. 아버진 옆에서 슬쩍 구석에 위치할 퍼즐을 밀어 넣는다. 이 사실을 아이가 알아선 안 된다. 마치 아이가 한

것처럼, 어쩌다 보니 거기에 그 퍼즐이 있었던 것처럼 만들어 줘야 한다. 그래야 아이가 웃는다.

- 평행 놀이 – 아이가 키즈카페에 데려다 달라고 조른다. 이제 너무 자주 가서 지루할 만도 한데 꼭 그곳에서 놀고 싶어 한다. 키즈카페 에는 자기 또래 아이들이 많다. 같이 놀진 않지만, 자기 또래 아이들 이 있는 그곳이 마냥 좋다.

- 역할 놀이 – 아이가 나에게 역할을 부여한다. 자기는 의사를 한다며 나보고 환자를 하라고 한다. 어디가 아프냐는 질문에 자연스레 배를 움켜잡고 인상을 찌푸려야 한다.

- 환상을 공유하는 놀이 – 초등학생이 된 아들. 매일 같이 다니는 친 구가 생겼다. 심각한 얼굴. 사뭇 진지한 대화가 오고 간다. 스파이더 맨과 아이언맨이 싸우면 누가 이기는지. 대화의 열기가 쉽게 사그라 지지 않는다.

- 비밀을 공유하는 놀이 – 중학생이 된 딸. 남자친구가 생긴 모양이 다. 밤마다 깔깔 웃으며 친구와 대화를 나눈다. 방문을 두드리면 얼 른 엉뚱한 이야기를 시작하는 딸. 남자친구와 첫 키스를 했다는 것 은 가장 친한 친구만 아는 비밀이다.

놀이마다 적절한 시기가 있지만 역할 놀이부터는 평생 친구들과 즐기는 놀이가 아닐까 싶다. 성인이 되어서도 롤플레잉(Role Playing, 역할 놀이)게임의 인기는 사그라지지 않는다. 유튜브를 보면 연예인 중에 누가 싸움 순위 1등인지 진지하게 대화를 주고받은 동영상이 수십만 조회 수를 기록한다.

2017년엔 무패 복서 메이웨더와 격투기 최강자 코너 맥그리거와 대결이 있었다. 대전료로만 수억 달러가 들어간 세기의 대결로 거의 모든 나라에 중계되었다고 한다. 성인이 되어서도 환상을 공유하는 놀이는 여전히 먹히는 것이다.

그리고 난 환자에게 '비밀을 공유하는 놀이'의 중요성에 대해 자주 이야기한다. 요즘 대학생에게 정말 친한 친구가 있냐고 질문하면 예전보다 훨씬 "정말 친한 친구는 없는 것 같아요"란 대답을 자주 듣는다. 그들 대부분 어떻게 해야 친해질 수 있는지 방법을 모르겠다고 이야기한다. 난 비밀을 공유한다는 것에 대한 의미조차 어색한 환자들에게 내 이야기를 들려준다.

중학교 시절. 항상 완벽해 보이는 친구가 있었다. 그 녀석과 난 초등학교 때 네 번이나 같은 반을 했다. 그리고 중학교 2학년 때 다시 같은 반. 난 고민이 많은 아이였다. 하지만 그 친구에게 고민을 털어놓은 적은 없었다. 핑계를 대자면 완벽해 보이는 그 친구에게 고민을 이야기한다는 것은 큰 잘못처럼 느껴졌었다.

그런데 어느 날 그 친구가 나에게 조용히 다가왔다. 그리고 엄청난 사건을 내게 털어놓았다. 부모님이 이혼했다고 말이다. 그 친구는 내 앞에서 눈물을 흘리며 힘들다고 말했다. 신기한 것은 그날 이후 난 그 친구에게 많은 이야기를 할 수 있었단 것이다. 그리고 며칠 뒤에 부모님 몰래 같이 〈예스마담〉이란 영화를 봤다. 청소년 관람 불가 영화다.

나를 보이는 것

자신을 보이는 것은 쉽지 않다. 그래서 주변과 더욱 울타리를 치게 된다. 그런데 재밌는 역사적 사실은 항상 벽을 세우는 쪽이 허물어진다는 사실이다.

진의 시황제는 중국을 통일하고 만리장성을 쌓았지만 20년도 유지되지 못하고 망했다. 과거 우리나라도 침략에 맞서기 위해 쇄국정책을 펼쳤지만 돌아온 것은 일제에 의한 식민지 생활이었다. 통일 전 동독은 베를린 장벽을 세워 주민들의 이탈을 막으려 했다. 하지만 결국 전 세계 TV 앞에서 자국의 국민들에 의해

장벽이 무너지는 것을 지켜봐야 했다.

결국 막는 쪽만 힘들어진다. 털어놓고 나면 별것도 아닌데 감추고 있으면 사람을 참 힘들게 한다.

중고등학교, 대학교 시절까지 약점들을 감추느라 많은 고생을 했다. 요즘 난 가까운 사람들, 심지어 강좌를 시작하기 전 청중에게도 내 약점을 몇 가지 털어놓는다. 그리고 난 그들에게 한 걸음 더 다가갔음을 느낀다.

내 아버지와 친구들이 어린 시절부터 가르쳐줬던 이 간단한 진리를 왜 난 정신과 의사가 되고 나서야 깨달았는지 의문이다.

상대방을 바라보기
내 창문

"선생님, 사랑하면 저만 바라봐야 하는 것 아닌가요?"

35세, 김이연.

그녀는 결혼 3년 만에 이혼했다. 이혼 사유는 성격 차이. 실상은 고부간의 갈등을 극복하지 못하고 이혼을 결심한 것이다. 남편에 대한 내조를 무척이나 중요하게 생각하는 시어머니. 그녀는 결국 사회생활을 접었다. 자녀를 가지려 노력했지만 계획처럼 되진 않았다. 시어머니 편만 드는 남편. 그녀는 결국 이혼했다. 그런데 이혼하면 모든 것에서 벗어날 줄 알았던 그녀에게 문제가 생겼다. 몰려오는 우울함을 스스로 극복할 수 없었던 것이다.

다른 사람을 보는 것

"당신은 어떻게 친구를 얻었는가?"

이 질문에 많은 사람은 한참을 생각한다. 그런데 답은 생각보다 간단하다. 친구는 보통 그냥 생긴다. 내가 노력하지 않아도 말이다. 그러기에 대부분 자신의 친구에 대해 잘 모른다. 그 친구도 마찬가지다. 당신에 대해 잘 모른다. 그런데 이런 친구 중에 몇몇은 당신과 깊은 우정을 나누게 된다.

어떤 이들과 깊은 우정을 나누게 되는지 우린 예상할 수 없다. 하지만 깊은 우정을 나누기까지 필요한 한 가지 과정이 있다. 바로 그 사람을 바라보는 것이다. 그 사람이 무엇을 하는지, 무엇을 좋아하고, 누구와 잘 지내는지 살펴보게 된다. 당신과 당신의 절친한 친구는 그렇게 맺어지는 것이다. 이렇게 서로를 지켜보다 보면 약점도 보인다.

그래서 우린 신기한 경험을 하게 된다. 어렵게 내 창피한 부분을 털어놓았는데 친구는 이미 알고 있단 것이다. 들켜서 불안하지 않고 오히려 다행이란 생각이 든다. 친구의 시선은 타인의 시선이 아닌 나를 바라봐주는 눈길임을 알기 때문이다.

관계로 인한 어려움을 겪고 있는 이들에게 간혹 그들이 당신의 어떤 점을 헐뜯고 있다고 생각하는지 적어 오라고 한다. 질문에 대한 환자들의 진실한 답은 항상 놀랍다.

정말 멋지고 예쁜 사람도 자신의 외모에 자신없어 한다. 누구나 들어가고 싶은 대학을 재학 중이거나 졸업한 사람도 자신의 평범한 스펙에 실망한다. 관계에 대한 어려움 외에 큰 어려움이 없다고 생각하는 사람이 정신과 의사가 봐도 심각한 마음의 짐을 가지고 있다.

그들 모두 잔뜩 주변을 경계하며 살핀다. 성형수술이 필요할 것 같다고 이야기하고, 좀 더 노력해야 한다고 말한다. 자신이 가진 짐 때문에 사람들이 자신을 싫어할 것이라 두려워한다. 내가 그들을 지켜보면서 느꼈던 장점들을 나열해도 통하지 않는다. 자신이 자존감이 낮은 것 같다며 자존감을 높이는 방법이 없냐고 묻는다.

뻔한 대답이 나올 줄 알지만 한 번씩 환자들에게 묻는다.

"만약 자존감이 높아졌다고 칩시다. 대체 그것은 어떻게 확인할 수 있나요?"

자존감이란 단어 그대로 자신 내부의 가치다. 타인의 인정이나 칭찬에 의한 것이 아니다. 그래서 이 질문에 대한 답은 이래야 한다. 타인의 시선과 상관없이 스스로 느껴지는 것 아니냐고 말이다. 그런데 사람들은 주로 이렇게 답한다.

"다른 사람이 알아봐주지 않을까요?"

틀린 말은 아닐 수도 있다. 자존감이 높은 사람에게 느껴지는 기운이 있으니 말이다. 하지만 결국 결론은 타인의 시선이란 사실에 씁쓸한 느낌이 든다. 기억해야 할 것은 당신도 누군가에게는 타인의 시선이란 것이다.

그런데 생각보다 당신은 당신 주변의 사람들을 유심히 지켜보며 헐뜯지 않는다. 거기에 에너지를 쏟을 시간이 아마 없을 것이다. 만약 당신이 누군가를 헐뜯는 데 많은 공을 들이고 있다면 오히려 당신의 마음이 고장났을지도 모르겠다.

혹시 누군가를 지켜보는 데 많은 시간을 들이고 있다면 그것은 틀림없이 그 사람과 더욱더 깊은 관계를 맺기 위한 바람을 가득 담은 눈길일 것이다.

창의 크기 그리고 거리

가끔 이연 씨처럼 이혼을 후회하는 사람이 찾아온다. 그들의 말을 가만히 듣고 있으면 자신은 상대방을 너무 사랑했는데 상대방은 아니었다는 이야기가 많다. 남자든 여자든 똑같다.

　사랑하면 그 모임에 안 나갈 수 있는 것 아닌가요?
　사랑하면 부모보다 내가 먼저여야 하는 것 아닌가요?
　사랑하면 친구의 약속보다 저와 한 약속을 더 중요하게 여겨야 하는 것 아닌가요?

　그들은 당당히 이야기한다. 자신은 상대방에게 그렇게 했다고. 이연 씨도 마찬가지였다. 이연 씨는 이혼 전 남편과 함께 병원을 찾은 적이 있었다. 그녀의 남편은 나에게 호소하듯 이야기했다.

　"선생님, 항상 붙어 있는데 도대체 이해할 수가 없어요."

　비단 이연 씨의 남편뿐만이 아니다. 부부, 연인간 갈등으로 나를 찾는 이들이 늘 하는 말이다.

사람을 이해하는 데 얼마간의 거리가 필요한 것일까?

가까울수록 상대를 더 잘 이해할 수 있을까?

내가 가지고 있는 창을 통해 상대방을 바라본다고 가정해보자. 그 사람에게 맞는 창문의 크기면 충분할까? 하지만 조금만 생각해봐도 알 수 있는 것은 내가 바라보는 상대는 그 창문의 틀 안에 가만히 있는 사람이 아니라는 것이다.

어떻게 이것을 해결할 수 있을까? 쉬운 방법은 한 걸음씩 뒤로 가면 된다. 그렇게 뒤로 가다 보면 가까워서 보이지 않던 상대방이 보이기 시작한다.

"싸울 땐 몰랐는데 헤어지고 보니 제가 오해한 부분이 좀 있네요. 그이도 저도 참 어렸던 것 같아요."

몇 개월 지나 이연 씨가 한 말이다. 이혼을 경험한 환자를 치료하다 보면 자주 듣는 말이기도 하다. 사실 우리는 수도 없이 이런 일들을 경험한다. 항상 다투고 있는 관계들을 옆에서 지켜보면 그들만 자신들의 문제를 모르는 경우가 많다. 지켜보는 우리들은 너무나 쉽게 보이는데 말이다.

정신과 의사를 뽑는 기준이 공감 능력이 아님에도 그들이 어려운 관계에서 문제점을 쉽게 발견하는 것도 똑같다. 항상 한걸음 뒤로 물러서서 그들을 바라보기 때문이다.

그런데 여기서 한 가지 문제점이 발생한다. 상대방과 너무 멀리 떨어져버릴 수 있다는 것이다. 지켜볼 순 있지만 관계를 맺을 순 없는 거리에 있게 되는 것이다. 문제점을 알고 상대방을 이해한다고 해서 관계가 개선되는 것은 아니다. 해결하려면 관계를 맺어야 하기에 너무 뒤에 있으면 안 된다.

그렇다면 창의 크기를 키우면 된다. 크기를 키우면 상대방을 바라보기 위해서 그리 멀리 물러설 필요가 없어진다.

가끔 성격 차이로 힘들어하는 부부에게 어떻게 만났는지 물어본다. 심심치 않게 캠퍼스 커플, 회사 내 커플을 만나볼 수 있다. 이런 커플에게 자주 하는 이야기가 있다.

"그때 왜 그 시간까지 거기에 있었던 거죠?"
"저 사람이 뭘 하는지 누구랑 있는지 지켜보려고 했죠. 그리고 나를 봐주길 바랐고요."

어쩌면 이 거리 감각이 나와 상대방 사이에서 가장 필요한 것이 아닐까 한다. 그 사람에게 맞는 창의 크기를 가진다는 것은 처음부터 자신의 욕심이 담긴 창이란 뜻이다. 그 사람을 내가 가진 틀에 맞추려고 하는 것이기 때문이다.

그 사람이 뭘 하는지, 누구랑 어울리는지 보기 위해선 좀 더 큰 창이 필요하다. 아무리 큰 창을 가지고 있더라도 한 걸음도 뒤로 물러나지 않으면 일부분밖에 볼 수 없다는 것은 굳이 설명할 필요도 없겠다.

하지만 너무 뒤로 물러나서도 안 된다. 나를 바라봐줄 수 있는 거리, 내가 상대방에게 다가갈 수 있는 거리는 유지해야 하는 것이다.

혹시 당신이 다가서려고 하는 사람이 있다면 당신은 그 사람을 바라보기 위해 얼마나 큰 창을 가지고 있는지, 그리고 당신과 그 사람의 거리는 어느 정도인지 곰곰이 생각해보기 바란다.

내가 다가가기
문을 열고 나가자

"여자에게 관심이 없어요."

28세, 이인영.

그는 대학원을 졸업하고 대기업 연구원으로 일하고 있다. 최근, 이 업계에서도 정시 퇴근을 권장하는 바람에 6시 이후엔 나만의 시간이 생겼다. 처음엔 사람들과 어울려 술도 마시고 게임도 하고 좋았다. 그런데 언제부턴가 자신이 짜증이 많아졌단 사실을 깨달았다. 그리고 항상 피곤하단 사실도 말이다. 그러고 보니 퇴근 후 술 마시는 일도 게임을 즐기는 일도 없었다. 그냥 집에 가면 잔뜩 음식을 시켜서 먹고 잠을 잘 뿐이다.

21세기, 혼술남녀

2016년 〈혼술남녀〉란 드라마가 인기리에 방영되었다. 드라마에서 남자주인공은 맛집 식당을 찾아가 나 혼자 마음 편히 남 신경 쓰지 않고 적당한 음식과 술을 먹는다. 이것이 자신을 위한 '힐링 타임'이라 생각하며 혼자서 고기를 굽고 혼자서 술을 마신다.

10년 전만 하더라도 혼자 식당에 가서 밥을 먹는 것도 어려웠다. 더군다나 고깃집에 혼자 간다는 것은 자신이 왕따임을 알리는 행동이었다. 그리고 혼술은 실연당한 직후에만 할 수 있는 사회적 용인이었다. 그래서 드라마에서도 으레 혼자서 술을 마시면 주인이 묻는다.

"힘든 일 있어?"

세상이 바뀌었다. 혼밥, 혼술, 이성 친구 없는 20대. 이것이 부끄럽지 않은 세대다. 그런데 다양한 분야에서 내가 만난 20대들에겐 묘한 공통점이 있었다. 하나같이 위험을 회피하려는 성향이 높은 것이다. 물론 정도의 차이는 있다. 하지만 지나치리만큼 '손해를 본다는 것', '상처를 입는다는 것'에 몸서리친다.

인영 씨에게 물었다.

"여자친구를 사귀어보는 것은 어때요?"

"여자친구를 사귀는 것이 얼마나 피곤한지 아세요. 에너지 낭비예요. 선생님이 좋은 점 열 가지를 대면, 제가 안 좋은 점 20가지를 이야기할 수 있어요."

그가 이야기한 안 좋은 점 스무 가지를 요약하면 대략 세 가지다. 돈 낭비, 시간 낭비, 감정 낭비란 것이다. 이젠 나도 꼰대가 된 것인지 모르겠다. 인영 씨 같은 20대 청년을 보면 끊임없이 누군가를 만나보라고 권한다. 몇 번이나 권했을까? 어느 날 인영 씨의 얼굴이 붉어졌다.

"선생님, 전 한 번도 여자친구를 제대로 사귄 적이 없어요. 이런 제가 얼마나 비참한지 아세요?"

당황스러웠다. 잘생기진 않았지만 듬직한 외모를 가지고 있었다. 남부럽지 않은 학력이었고 안정적인 직장도 있었으며 28세의 나이에 맞는 경제력도 갖추고 있었다. 그런데 그는 다가서는 것이 너무나 어려운 사람이었다.

물론 그가 한 번의 시도도 하지 않았던 것은 아니었다. 문제는 상대방의 거절을 받아들이는 그의 태도였다. 서로 맞지 않아서가 아닌 자신이 못나서 버림받은 것으로 생각하는 것이었다. 당연히 그에게 누군가를 사귀려는 시도는 돈 낭비, 시간 낭비, 감정 낭비였다.

바람둥이 친구

내겐 정말 인기 좋은 친구가 있다. 이 녀석 주변엔 늘 여자친구가 있었다. 남녀가 보는 눈이 다르다지만 이 녀석은 누가 봐도 그렇게 잘난 친구는 아니었다.

한 가지 특이한 점이 있다면 명함을 주는 것에 망설임이 없단 것이다. 처음엔 영업하는 친구여서 그런가 싶었다. 그 녀석과 만나는 날이면 꽤 주변에 신경을 써야 한다. 이 녀석은 조금이라도 마음에 드는 여자가 있으면 일단 명함을 주고 본다. 길을 걷다가도 마찬가지다.

"안 쪽팔리냐?"

"난 저 친구를 정말 기분 좋게 해준 거야. 내가 무례하게 군 것도 아니고. 예쁘다고 했고, 연락을 바란다고 간단히 말했어."

"그런데 이렇게 하면 정말 연락이 와?"

"백 번 정도 명함을 주면 한두 명. 그런데 그게 어디냐. 중요한 것은 연락이 오는 여자애는 정말 내게 마음을 열고 다가온다는 거지. 거의 사귀었던 것 같은데."

충격이었다. 정말 연락을 주는 사람이 있다는 사실도 놀라웠지만, 어쩌면 여자친구를 만드는 가장 쉬운 방법일지도 모르겠단 생각이 들어서였다. 그러고 보니 내가 이 녀석과 친해진 것도 이 친구가 나에게 먼저 다가와서였다.

난 쉽게 친구를 사귈 수 있는 사람이 아니었다. 늘 조용히 혼자서 꼼지락거리는 내게 이 녀석이 먼저 손을 내밀었다. 같이 농구를 하자고 말이다. 그리고 노래방을 갈 때도 심심치 않게 나를 불렀다. 사실 이 녀석은 축구를 잘하는 친구였고 노래방에서도 신나게 놀 줄 아는 녀석이어서 굳이 나를 데려가지 않아도 같이 즐길 친구가 많았다. 왜 나였을까? 항상 의문이었지만 물어보지 못했다. 이 말을 꺼내면 상처받을 만한 대답이 돌아올 것 같아서였다.

"너 그때 왜 내게 다가온 거야?"

30대가 되고 그 녀석이 결혼할 때쯤 내가 물었다. 이젠 이 녀석이 어떤 말을 해도 받아들일 준비가 되어 있었다.

"불쌍해서지."

녀석은 신나게 웃었다. 그런데 녀석이 한마디를 덧붙였다.

"너하고는 계속 친하게 지낼 수 있을 것 같았어. 넌 상처받는 것 못 견뎠잖아."

나는 더 묻지 않았다. 그냥 뭔가 알 것 같았다. 상처받는 것이 싫었던 나였다. 그러기에 먼저 다가가는 모험은 절대 하지 않았다. 그 녀석이 소개팅을 주선했을 때가 기억난다.

"내가 이런 사람이라고 소개해줬고 그냥 네가 마음에 든대. 그러니 그냥 만나. 네가 큰 실수만 하지 않으면 그냥 사귀는 거야. 걔도 별로 잘난 것도 없어."

주변을 둘러보면 조용히 숨어 있는 이들이 많다. 대부분 친구가 필요하지만 상처받는 것이 두려운 이들이다. 하지만 이들에겐 큰 장점이 있다. 본인이 상처받기 싫은 만큼 상대방에게 상처를 주는 것도 싫어한다. 그래서 자신을 낮출 줄 알고, 상대방에 대한 배려도 알며, 기꺼이 희생도 한다. 이것이 얼마나 큰 매력인지 모른다. 그 녀석이 나를 선택한 이유다.

"안녕하세요."

'선한 사마리아인의 비유'

교회를 다니지 않는 사람도 한 번쯤 들어봤을 내용이다. 내용을 요약하자면 이렇다. 한 율법 교사가 예수를 시험하려고 묻는다.

"무슨 일을 해야 영생을 얻을 수 있나요?"

대답 대신 예수는 묻는다. 율법서에 뭐라고 적혀 있는지를 말이다. 율법 교사는 율법서에 쓰인 내용을 이야기한다.

"하나님을 사랑하고 이웃을 내 몸같이 사랑하라고 적혀 있습니다."

예수는 그렇게 하면 된다고 말한다. 율법 교사는 다시 묻는다.

"그럼 누가 내 이웃입니까?"

예수는 쉬운 보기를 주고 선택하게 한다.

"한 사람이 강도를 당해서 거의 죽은 채로 쓰러져 있다. 제사장도 그냥 지나쳤고 레위인도 그냥 지나쳤지만 한 사마리아인이 그 사람을 보살폈는데 이 중에 누가 강도를 만난 사람의 이웃이냐?"

율법 교사가 자비를 베푼 사람이라 말하니, 예수는 너도 이렇게 하라고 답한다.

이 성경 구절을 읽으며 우습게도 난 예수가 정신과 의사 같다는 생각을 했다. 환자들이 원망스레 날 쳐다보며 하는 말이 있다. 치료 초기에 자주 하는 말이다.

"선생님은 왜 질문만 해요. 제게 답을 줘야죠."

어느 정도 시간이 지나면 그들은 이렇게 말한다.

"대답은 제 안에 있다는 거죠."

그리고 더 시간이 지나면 대답한다.

"결국 제가 움직여야 해결되는 거겠죠."

인영 씨도 똑같은 과정을 거쳤다. 답을 주지 않는다며 인영 씨는 치료가 불편하다고 했다. 그래서 인영 씨에게 몇 가지 과제를 제안했다. 인영 씨가 선택한 과제는 이것이었다.

'사람에게 다가서기 위한 방법'

그에게 다음 시간까지 노트에 자신이 생각하는 방법을 적어 보라고 권했다. 몇 번을 미루다 적어온 인영 씨의 노트엔 한가득 사람에게 다가서기 위한 방법이 적혀 있었다. 인영 씨가 말했다.

"선생님, 생각해보니 많더라고요. 적긴 했지만 저 이것들을 할 수 없어요."

인영 씨의 노트를 쭉 훑어보니 내가 생각한 방향이 아니었다. 인영 씨는 자신이 변해야 사람이 다가온다고 생각하고 있었고, 어떻게 하면 사람들이 내게 다가올 것인지에 대한 것들만 잔뜩 적어놓은 것이었다. 그런데 그중에 내 눈에 확 들어오는 내용이 있었다.

'매력적인 사람이 되는 것'

인영 씨에게 물었다. '매력적인 사람'으로 보일 수 있는 것 중 가장 쉬운 방법이 무엇인지 말이다. 인영 씨가 쓴 웃음을 지으며 힘없이 대답했다.

"미소라도 지을까요? 일부러라도 말이죠."

그날 난 인영 씨에게 그것을 해보자고 했다.

"사람을 만나면 미소 지으면서 인사해봅시다. 하루에 다섯 번만 합시다."

인영 씨에게 클립 다섯 개를 내밀었다. 주머니에 넣어 다니면서 미소지으며 인사할 때마다 하나씩 연결하라고 했다.

인영 씨는 많이 좋아졌다. 일단 폭식이 멈췄다. 퇴근 후에 할 수 있는 일도 생겼다. 이젠 커피숍에 가서 직원에게 먼저 웃으며 인사를 건넬 정도가 되었다. 물론 인영 씨가 이 치료만으로 좋아진 것은 아니다. 하지만 인영 씨는 유독 이 방법을 즐겼다.

그에게 다시 연애를 하라고 권하진 않았다. 하지만 상처받는다는 것이 두렵다는 사실을 아는 사람이 얼마나 매력적인 사람인지를 말해줬다. 그가 치료를 받으며 내게 한 행동들이 다른 사람과 다르게 얼마나 세심한지에 대해 일러줬다.

최근 인영 씨는 용기를 내서 한 여성에게 다가갔다. 놀라운 사실은 그녀가 오래 전부터 인영 씨를 조용히 바라보고 있었단 사실이었고, 인영 씨는 그녀의 관심이 느껴졌다고 말했다. 이럴 때가 정신과 의사를 하는 맛이다.

생각해보니 환자를 보며 나도 조금씩 변해 갔다. 정말 부족한 사람이 나였다. 그런데 좀 더 웃으려 했고 좀 더 고개를 숙였다.

내게도 이것이 그나마 쉬웠으니 말이다. 힘들지만 좀 더 많은 사람을 만나기 위해 노력했다. 한 걸음 물러서 상대방을 바라봤으며, 부끄럽지만 약점을 드러냈다.

그래서 지금은 인간관계라는 것이 어느 정도의 상처는 견뎌야 한단 사실을 알게 되었다. 그리고 더 많이 노출되었기에 여기저기서 나에 대한 이런저런 이야기가 들려오고 상처를 받는 일이 많지만 버텨나간다. 새로운 관계를 맺는 것이 힘들지만 기꺼이 한 걸음 다가선다.

자주 환자에게 이런 말을 한다. 내가 완제품을 만드는 사람이 아니라고 말이다. 이 진료실이 관계를 맺는 데 전혀 어려움이 없는 사람으로 만들어 다시 세상에 내보내는 곳은 아니란 뜻이다. 대신 정신과 의사인 나는 AS 기사다. 당신이 관계를 맺다 상처를 받고 돌아오면 고쳐주겠단 뜻이다. 물론 다시 고장날 수도 있고, 고치기 힘들 수도 있다. 하지만 무조건 받아 줄 것이고 최선을 다해 고쳐보겠다고 한다.

그러니 일단 문은 열고 나가보자. 환한 미소를 지으며 그렇게 말이다.

"뭘 잘하세요?"

이 질문에 망설임 없이 대답하는 사람은 흔치 않다.

이 질문을 하고서는 간혹 미소 지으며 핀잔주는 경우가 있다.

"잘하는 것도 하나 없어요."

그제야 발끈하는 경우가 적지 않다.

관계 유지로 힘들어하는 이들에게도 가끔 이 방법을 사용한다.

그들에게 확인시키는 것은 하나다.

이 관계를 유지할 힘이 당신에게 분명히 있다는 것이다.

2

이 관계 어떻게
유지할까요?

: 관계 유지가 어려운 나

환자를 볼 때 자주 내가 세운 '진료의 원칙'에 대해 이야기한다.

첫 번째 원칙,
사람을 함부로 판단하지 않는다는 것이다.
레지던트 1년 차 시절. 교수님께 부탁했다. 아직 1년 차지만 정신치료를 꼭 해보고 싶은 환자가 있다고 말이다. 응급실에서 봤던 전환장애 환자와 정신치료에 들어갔다. 첫 환자였지만 운 좋게 3년에 걸쳐 치료할 수 있었다. 그리고 이 환자 덕에 정신과 의사로서 정말 소중한 첫 번째 원칙을 세울 수 있었다.
나는 매주 그와 한 시간씩 마음속 깊은 이야기를 주고받았다. 1년 정도 지나자 자연스레 이 사람에 대해 정말 많이 안다는 확신이 들었다. 그런데 그 사람은 1년이 지나서야, 미리 말하지 못했다며 엄청난 사실을 털어놓았다. 모든 것이 혼란스러웠다. 난 다시 시작한다는 마음으로 치료에 임해야 했다. 그 일 이후 말버릇처럼 이야기한다.
"사람. 그렇게 단순하지 않아요. 그래서 함부로 판단하면 안 돼요."

두 번째 원칙,
제발 자신을 좀 믿어보라는 것이다.
"당신은 어떤 사람인가요?"
자신의 정체성을 묻는 이 질문에 난 항상 이 사실을 포함시킨다.
"전 정말 부족한 사람입니다. 여기까지 온 것은 운이 좋았어요."
사실이다. 내가 여기까지 온 것은 부모님, 선생님, 친구들 덕이다. 운좋게 주변에 좋은 사람들이 많았다. 그런데 내 대답을 듣고는 항상 사람들은 말한다. 운으로만 되는 것이 아니라고 말이다. 나는 한사코 손사래를 친다. 난 정말 부족한 사람이라 여기기 때문이다. 이런 태도가 분명 날 겸손하게 만들었다. 하지만 늘 부작용이 있었다. 뭔가 장애물이 있으면 그것을 헤쳐나갈 자신이 없어 금방 포기했다는 것이다. 관계를 이어나가는 데 있어서도 마찬가지였다. 뭔가 삐걱거리면 내 한계를 인정하곤 포기해버렸다.

'내가 그렇지 뭐.'

'내가 어떻게 거기까지 가겠어.'

하지만 직업 탓에 이런 내게도 환자들이 다가왔다. 그들이 호소하는 대부분의 문제들을 해결할 수 있는 힘이 그들 안에 있었다. 너무 쉽게 보였다. 그들만 모를 뿐이다.

32세. 서정주 시인의 표현을 빌려 나를 키운 것 8할이 자기 덕이라며 입버릇처럼 말하던 친구가 말했다.

"사실 너 잘 컸어."

지금도 생생한 인생 최고의 칭찬이었다. 스스로 뭔가 할 수 있겠단 생각도 그 무렵이었던 것 같다. 나를 믿기 시작했다. 그리고 이 친구의 말을 자신이 한없이 부족하다고 믿는 환자들에게 전한다. 당신은 생각보다 잘 컸다고 말이다.

관계를 유지할 수 있는 힘이 내 안에 있다는 것. 이것에 대한 확신을 가지는 것. 이것이 관계 유지를 위한 비결이다.

어쩔 수 없이 맺어야 하는 관계
가족 관계

"저와 남편은 이혼밖에 답이 없어요."

45세, 주연화.

결혼생활 20년. 군대에 간 아들과 고등학생 딸. 일주일에 세 번은 회식하고 돌아오는 남편. 외로움으로 가득 찬 그녀가 선택한 것은 술이었다. 처음엔 남편 몰래 낮에 혼자서 마셨다. 1년이 지났을 무렵 잠이 오지 않는 날이 많아졌다. 잠을 자야 한단 핑계로 저녁에도 술을 마시기 시작했다. 그녀가 저녁에도 술을 마시기 시작하자 모든 것이 엉망이 되어버렸다.

이혼을 권하는 정신과 의사

진료실에 들어서자마자 그녀는 말없이 눈물을 흘리기 시작했다. 그렇게 울다가 그녀는 남편과 사는 것이 너무 힘들다며 이혼밖에 답이 없는 것 같다고 말했다. 이 환자가 지금도 기억에 남는 이유는 이 말 때문이다.

"그런데 선생님, 사실 제가 오늘 이 정신과가 처음이 아니에요. 다른 정신과를 먼저 방문했는데. 글쎄 저보고 그냥 이혼하래요. 무슨 정신과 의사가 그래요."

그녀는 한참 처음 방문한 병원의 정신과 선생님을 욕했다. 속으로 뜨끔했다. 정신과 의사들이 추구하는 가치는 '개인의 행복'인 경우가 많다. 부부간 갈등으로 힘들어하는 이들에게 이혼을 권하는 것은 정신과 의사에게 드문 일이 아니다. 그러기에 정말 답이 없다고 생각되는 부부를 만나면 나도 이혼을 권하는 경우가 적지 않다.

관계로 인한 스트레스가 있을 때, 논리적으로 보면 해결책은 참 쉽다. 스트레스 주는 사람을 끊어내면 된다. 그리고 애초에 그런 관계를 만들지 않는 것이 예방법이다. 요즘 청년들과 이야기하면 이런 말을 자주 듣는다.

"자녀를 왜 가져야 하죠."

"우리나라도 이제 결혼 전에 동거 문화가 정착될 것 같아요. 아니다 싶으면 그냥 나오면 돼요."

"혼자서 일하는 것이 좋아요. 같이 일하다 보면 빠져나오기 힘들어요."

"한곳에 오래 사는 것은 좋지 않아요. 사람들과 엮이는 것이 더 많아져요."

즉 '혼자가 편하다'는 것이다. 그들은 얼마든지 혼자서 잘 살 수 있다고 주장한다. 얼핏 보면 그런 것 같다. 혼자 살기에 너무나 편리한 사회다. 경제적으로 문제만 없으면 부모, 형제와 연을 끊는 사람도 심심치 않게 보인다. 물론 이들 중 이런 극단적 선택을 할 수밖에 없는 사람들이 분명히 있다. 그들을 비난하는 것은 아니다. 하지만 정신과 의사로 일하며 느끼는 것은 이전보다 관계 개선을 위해 노력하지 않는다는 것이다.

어느새 정신과 의사마저도 부부갈등으로 찾아오면 이혼을 선뜻 권하는 사회가 되어 버려 씁쓸해진다. 혼자가 편하다는 청년에게 바른 소리를 한 적이 있다.

"혼자서 살아가는 것 가능하죠. 그런데 당신이 혼자서 살 수 있는 이유는 다른 이들이 함께 살며 생산한 것을 당신이 이용하기 때문입니다. 삶의 방향을 조금만 관계를 맺는 쪽으로 틀어보는 것은 어떨까요?"

다음 외래 시간. 환자는 오지 않았다.

레지던트 시절. 정신과 의사로 성장하기 위해 이것저것 배워야 했다. 다양한 배움 속에 가장 기억에 남는 것이 있다면 정신치료 세미나다. 자신이 했던 심층 정신치료를 한 학기 동안 교수님과 다른 레지던트들에게 발표하고 서로 의견을 나누는 세미나다. 운 좋게 난 한 환자와 심층 정신치료를 진행하며 이 세미나에서 발표할 기회를 얻었다.

세미나 속에 나온 다양한 의견들을 생각하며 치료에 임했고, 환자의 경험을 체험하기 위해 교수님과 함께 연극을 보러 가기도 했다. 세미나가 중간 정도 진행되었을 때 교수님께서 좋은 배우자란 어떤 사람인지에 대해 말씀하셨다.

"좋은 배우자가 되려면 이 세 가지 조건을 만족해야 해. 하나는 부모 같은 면이야. 물리적인 뒷받침이지. 아플 때, 경제적으로 무너졌을 때, 즉 내가 능력이 없을 때 나를 받쳐줄 수 있는 사람이어야 돼. 다른 하나는 친구 같은 면이야. 말이 통해야 해. 교양을 나눌 수 있는 사람이어야 되는 거지. 마지막으로 아이 같은 면이야. 아이들은 벗고 놀아도 부끄러워하지 않고 재밌게 놀잖아. 섹스하는 것이 즐거워야 해."

몇 년 뒤에 교수님께 대체 이 이야기를 누가 한 말이냐고 여쭤보니, 교류 분석에서 부부관계를 다룰 때 하는 말인 것 같은데 잘 모르겠다고 말씀하셨다. 교류 분석 책을 슬쩍 뒤져봤지만 더 이상의 노력은 하지 않았다. 출처가 어딘지 내게 중요하지 않았기 때문이다.

이 말을 들은 뒤부터 정신과 의사로 일하며 항상 생각하는 것은 '가족을 유지하는 힘'이다.

이혼하지 않는 부부에겐 어떤 힘이 있는 것일까?
이 사람은 겨우 이 정도 이유로 이혼해야 했을까?

왜 부모는 자녀를 버리지 못하는 것일까?

이 부모는 어린 자녀들을 두고 어떻게 이런 생각을 할 수 있을까?

아동학대에 가까운 부모에 대해서도 느껴지는 이 애틋함을 어떻게 설명해야 할까?

어떻게 부모를 때릴 수가 있는 거지?

환자들의 사연을 듣고 있으면 수많은 의문이 떠오른다. 누군가의 말처럼 모든 것은 'DNA를 보존하려는 행동'으로 여기면 답은 간단할지도 모르겠다. 인간이 하는 이기적인 행동, 이타적인 행동, 집단주의, 개인주의 등 모두 이 유전자의 논리로 설명이 된다. 이에 관한 책을 읽다 보면 꽤 합리적인 생각으로 느껴지기도 한다.

그런데 이상하게 반감이 든다. 초라함이 첫 번째 이유다. 눈에 보이지도 않는 이 조그만 유전자가 내가 선택한 모든 행동에 대한 궁극적 원인이었던 사실을 인정하기 싫다. 다른 하나는 확률에 대한 반감이다.

'정말 이 행동은 내 DNA를 보존하는 데 조금도 도움이 안 되는 충동적인 행동이었어'라고 여겨지는 것도 돌연변이의 확률로 설명한다. 그리고 개별적으론 손해가 되는 행동이지만 확률적으로 전체에는 생존에 이득이 된다는 설명을 들으면 찝찝한 마음이 든다. 과연 가족을 유지하는 힘은 어디에서 나오는 것일까?

산책의 의미

이른 저녁을 먹고 아내에게 산책하러 가자고 했다. 아내는 늘 그렇듯 산책을 하러 가자는 제안에 전혀 망설임이 없다. 이런 아내의 태도가 지금은 놀랍지 않지만, 한동안 신기한 경험이었다.

홍종우. 난 이런 사람이다. 내가 산책을 하러 가는 이유는 운동이 목적이다. 저녁으로 김치찌개를 먹은 날. 내일 퉁퉁 부은 얼굴을 보기 싫으면 좀 늦더라도 걸어야 한다. 산책하러 가기로 했다면 이제 내 머릿속은 목적지를 정하는 것으로 향해 있다. 냉장고를 열어보니 우유가 없다.

목적지는 마트다. 지갑을 챙긴다. 차에서 꺼내올 물건도 있다. 자동차 열쇠도 주머니에 넣는다. 핸드폰은 이미 주머니에 넣어뒀다. 그리고 아내에게 말한다. 산책하러 가자고 말이다.

아내는 산책하러 가자는 말에 한치의 망설임도 없다. 아내의 손에는 핸드폰도 없고 지갑도 없다. 심지어 목적지도 없다. '내가 가자고 했으니 나를 따라오는 건가?' 앞장서기를 좋아하는 나지만 조용히 뒤로 물러서 아내가 어디로 가는지 지켜봤다. 갈림길이 나왔다. 어디로 가는 것일까? 결정의 순간이다. 아내는 한 치의 망설임도 없었다.

"어디로 가는 거야?"
"그냥. 여기로 가보자."

산책이란 것이 다른 사람에겐 발길 닿는 대로 가는 것이란 것을 그때서야 알았다.

아내는 산책을 좋아하는 사람이다. 우리 가족의 산책에 변화가 생겼다. 난 이제 산책하러 가자고 제안할 때 많이 생각하지 않는다. 대개 목적지도 정하지 않는다. 핸드폰만 챙긴다.

아내는 문을 나서기 전에 큰소리로 외친다. "나 아무것도 안 가지고 가도 돼?" "카드 한 장이면 되지?" "오늘은 OO 식당 가서 브런치 먹자."

종이컵 전화기

가끔 환자에게 한 가지 단어를 던져주고 연상된 단어를 떠올려 보라고 한다. '가족'은 내가 던져주는 주된 단어 중 하나다.

포근함. 행복. 웃음. 포용. 사랑.

흥미로운 사실은 가족 간 다툼, 갈등으로 찾아온 사람에게도 '가족' 하면 떠오르는 단어들은 이런 것들이란 사실이다. 물론 시간을 좀 더 주면 안타까운 단어들이 쏟아져 나오는 경우도 적지 않지만 말이다.

일요일. 예배를 마치고 유아부에 있는 아들을 데리러 갔다. 아들의 손에 들려 있는 것은 종이컵 전화기였다. 어렸을 때 기억이 나서 너무 반가웠다. 한쪽 컵을 귀에 가져가니 아들이 그새를 참지 못하고 장난을 쳤다. 다른 쪽 컵을 입에 대고 고함을 지르는 것이었다. 그런데 전혀 소리가 들리지 않았다. 아들이 아직 어리고 다른 아이보다 성장도 느린 터라 어설프게 만들었구나 싶었다. 몇 번 놀라는 척하다가 아들에게 말했다. "사실 잘 안 들려." 이 모습을 지켜본 아내가 한심한 얼굴로 날 쳐다보며 말했다.

"좀 뒤로 가봐. 끈이 팽팽해야지." 난 몇 발짝 뒤로 물러서다 귀청이 떨어지는 줄 알았다.

긴장.

더 많은 환자를 치료할수록 가족에게 정말 필요한 것 중 하나는 긴장이란 생각이 든다. 가족 간 갈등으로 힘들어하는 사람에게 많이 들을 수 있는 말은 이런 이야기다.

부모면 ⋯ / 남편이면 ⋯ / 아내면 ⋯ / 자식이면 ⋯ / 형제면 ⋯

이들의 주장은 하나로 모인다. 바로 '나'를 위해 긴장해달라는 것이다. 때론 그들의 말이 투정처럼 느껴진다. 그런데 누군가가 나를 위해 긴장해준단 사실은 참으로 행복한 일이다.

아이를 낳은 후 우울증으로 힘들어하는 어머니. 그들에게 약물치료가 필요하다고 하면 항상 하는 말이 있다.

"선생님, 약 먹고 졸리면 안 돼요."

불면 때문에 너무 힘들다고 병원을 찾아온 아이 엄마.

"선생님, 약을 먹어도 아기가 울면 일어날 순 있는 거죠?"

이런 환자를 보며 부모님의 긴장 덕에 내가 안전하게 클 수 있었단 사실을 매번 느끼게 된다. 그리고 나를 위해 누군가 긴장하고 있단 사실이 얼마나 사람을 행복하게 하는지 아들을 보며 깨닫는다. 아들은 아침에 일어나 옆에 누군가 없으면 바로 반응한다. 어렸을 땐 울음으로, 커서는 목소리로. 신기한 것은 아들의 소리가 크든 작든 들린다는 것이다. 그리고 바로 반응한다. 아들은 나를 보며 활짝 미소를 짓는다. 너무나 행복한 표정이다.

할아버지, 할머니들이 자식 자랑을 할 때 자주 하는 말이 있다.

"우리 딸은 내가 연락하면 바로 달려와."
"내 자식은 항상 내 건강을 걱정해. 매일같이 전화해."

내게도 '가족' 하면 떠오르는 단어는 포근함, 행복, 사랑, 이런 단어들이다. 생각해보면 이런 단어는 누군가가 긴장하고 희생한 것에 대한 대가가 아닐까 한다.

태풍 속의 아버지

15세, 이함묵.

선택적 함묵증. 함묵이 엄마는 아이가 초등학교에 간 지 얼마 지나지 않아 학교로부터 연락을 받았다. 아이가 말을 하지 않는다는 이유였다. 집주변 센터도 다녀보고 병원도 찾아갔지만 아이의 증상은 변함이 없었다. 아이가 말을 하는 상대는 오직 어머니뿐이었다. 치료하러 다녀도 소용이 없자 어머니는 치료를 포기했다.

그렇게 6년이 흘렀다. 중학교에 입학해도 증상이 여전하자 어머니는 다시 병원을 찾았다. 아이는 오직 두 명에게만 마음의 문을 열고 있었다. 어머니와 여동생. 이 둘을 제외한 모두에게 마음의 문을 철저히 닫고 있는 아이가 함묵이였다.

함묵이를 만나고 먼저 아버지에게 마음의 문을 열도록 도와주고 싶었다. 함묵이의 아버지를 불렀다. 보수적인 아버지. 함묵이의 아버진 자신도 어린 시절 활발하진 않았다며 아이의 증상을 대수롭지 않게 여기고 있었다. 난 아버지에게 한 가지 이야기를 들려줬다.

"한때 아버지와 아들의 관계를 개선하기 위해 부자가 함께 목욕탕 가는 것을 추천하는 치료가 유행하던 때가 있었어요. 저도 환자들에게 권해봤죠. 그런데 이게 효과가 전혀 없는 거예요. 간다, 가지 않는다. 실랑이를 벌이며 오히려 더 사이가 나빠지는 것 같았어요. 그런데 이 치료에 성공한 경우가 한 번 있었는데요. 제가 목욕탕에 오고 가는 것도 아들과 함께 하는 것이라고 자동차 대신 걸어서 가는 것을 권했거든요. 이 아버지가 너무 고지식해서 태풍이 오는 날도 차를 타지 않고 걸어간 거예요. 가족들 모두 차를 타고 가든, 아니면 오늘은 건너뛰고 내일 가든, 그렇게 하라 권했는데 이 아버진 말을 듣지 않았어요. 결국, 아버지 혼자서 비바람을 맞으며 걸어서 목욕탕을 다녀온거죠. 당연히 모두 젖은 채로 돌아왔죠. 그런데 그 모습에 아이가 아버지에게 마음을 열었어요."

함묵이를 2년간 치료했다. 함묵이의 아버지에게 자녀와 함께 목욕탕 가기, 같은 방에서 둘이서만 지내보기, 둘이서만 공원 산책하기 등 다양한 방법을 제안했다. 한 가지 치료만으로 해결되었으면 좋았겠지만, 때론 함묵이가 때론 아버지가 지쳐서 오랫동안 유지된 치료는 없었다.

그런데 함묵이가 변했다. 어떤 치료가 통했는지 사실 알지 못하겠다. 그런데 그 녀석이 좋아진 것은 아버지가 포기하지 않았기 때문이라고 생각한다. 그냥 좋아졌을 수도 있고 말이다. 함묵이에게 왜 말을 하기로 결심했냐고 물어보지도 않았다. 그냥 그녀석의 마지막 어설픈 웃음. 그 미소가 지금도 기억에 남는다. 이렇게 벽은 무너지기 마련이다.

가족을 유지하는 힘

선택적 함묵증.

자주 볼 수 있는 질환은 아니다. 그런데 좋아지는 경우를 보면 하나같이 부모의 엄청난 노력이 느껴진다. 정말 답답한 순간도 많았을 텐데 치료하는 나마저도 감동하는 순간이 있다. 그리고 이 순간이 지나면 아이가 조금씩 좋아지기 시작한다.

가족을 유지하는 힘.

한 해 한 해 정신과 의사로 경험이 쌓여가며 현재까지 내가 찾은 것이 있다면 다음과 같은 것들이다.

서로를 인정하는 것.

누군가는 긴장하는 것.

사람을 감동하게 하는 것.

그냥 내 환자들에게 이런 것들도 가족을 유지하는 데 필요하다고 이야기한다. 그리고 하나 더 말하는 것이 있다. 아무리 준비를 잘해도, 한 번의 실패 뒤에 다시 가족을 만들어도, 처음부터 제대로 된 가족은 없으며 오랜 기간에 걸쳐 서로 참으며 만들어 가야 한다는 사실이다.

"가족은 사랑으로 유지되는 거야."

'사랑'이란 단어는 워낙 포괄적인 의미를 지니고 있다. 이렇게 말하는 분들을 비판할 생각은 전혀 없다. 그런데 성경에 '사랑'에 대한 흥미로운 정의가 있다. 고린도전서 13장은 기독교인들 사이에 꽤 유명한 사랑에 대한 정의가 적힌 서신서다. 흥미로운 것은 사랑에 대한 정의 중 가장 먼저 나오는 것이 '오래 참음'이란 사실이다. 지금 내 나이에 사고뭉치 중학생 아들을 두고서 매 한 번 들지 않았던 내 아버지가 새삼 대단하게 느껴진다.

친구와 나 사이의 거리
친구 관계

"선생님, 제겐 진정한 친구가 없는 것 같아요. 영화를 보는 데 눈물이 나더라고요. 다들 저렇게 좋은 친구들이 있는데 왜 저에겐 없는 거죠?"

32세, 김연수.

친구에게 받은 청첩장. 그녀는 결혼하고 싶지 않았다. 그래서 청첩장을 받으면 기분이 좋지 않다. 특히 이번에 청첩장을 준 친구는 몇 년째 소식이 없던 대학교 동창이었다. 한땐 단짝처럼 붙어 다녔지만 말이다. 그녀는 내게 물었다. 이 결혼식에 갈 마음이 없는 자신이 이상한지 말이다.

친구로부터 온 청첩장

간혹 자신의 행동, 생각이 정상인지 아닌지 묻는 사람이 있다. 매번 하는 말이지만 정상을 구분하는 것은 쉬운 일이 아니다.

첫 정신과 수업. 교수님은 느닷없이 '정상'이란 개념에 대해 가르치셨다. 통계적인 정상의 개념이 어찌 보면 가장 명확하다. 정규분포 곡선상에서 내가 어디에 위치하는지를 보면 된다. 그런데 막상 내 위치를 파악하면 정말 이게 맞는 것인지 내게 되묻는 경우가 많다.

"선생님, 전 너무 능력이 없어요. 남들은 좋은 집, 멋진 차를 가지고 있는데 전 아직 조그만 오피스텔에 소형차를 타고 있어요. 월급도 너무 적어요. 중간 정도만 되면 좋겠어요."

20대 후반의 청년이다. 난 얼른 종이 하나를 꺼내 들고 재빨리 정규분포곡선을 그린다. 그리고 가운뎃점을 하나 찍는다.

"여기에 위치하고 싶다는 거죠?"

그리고 인터넷에서 '중위 소득'을 검색한다. 결과는 보통 중위 소득이 자신의 연봉보다 한참 낮아 당황하거나, 자신의 연봉이 중위 소득 언저리에 있는 경우다. 이런 결과가 나오는 이유는 우리가 흔히 하는 착각 때문이다.

A	B	C	D	E	F	G
100만 원	170만 원	180만 원	190만 원	280만 원	400만 원	600만 원

중위소득을 정리한 표

190만 원을 받으면 나보다 소득이 낮은 3명, 나보다 소득이 높은 3명 사이에 정확히 있는 것이다. 하지만 평균에도 못 미치는 금액이다. 소득 자체는 정규분포를 따르지 않기 때문에 오는 결과다. 항상 하는 말이지만 부의 측면에서 우린 결코 중간에 위치하기를 바라지 않는다.

두 번째 정상의 개념은 발달학적 관점에서 바라보는 것이다. 여기에서 정상의 개념은 성장하고 변화해야 정상이다.

소아청소년과에 가면 생후 몇 개월에 아이의 키와 몸무게가 대략 얼마가 되어야 하는지 쭉 적혀 있다. 그리고 옆에 보면 각 나이에 따라 아이가 어떤 행동을 할 수 있어야 하는지도 나온다.

만 3세의 아이를 예로 들어보면 이렇다. 신체적으로는 걸어

다니기보다는 뛰는 것을 좋아한다. 언어적으로는 어휘가 발달해 네다섯 개의 단어로 문장을 만들어 사용한다. 정서적으로는 떼 쓰는 행동이 늘어나기 때문에 '미운 네 살(만 3세)'이란 말이 생겨 날 정도다. 인지적으로는 모양과 색깔에 따라 사물을 분류하기 시작하며, 사회적으로는 이타적인 행동이 증가하기 시작한다.

이런 관점에서 보면 아이가 동생이 태어난 후 질투의 감정을 심하게 느끼고 부모의 관심을 유도하기 위해 동생처럼 행동하면 퇴행한 것이고, 이는 비정상이다.

세 번째 정상의 개념은 의학적 관점이다. 의사들은 건강하면 정상이라고 한다. 의사들은 '건강'에 대한 정의로 세계보건기구(WHO)의 헌장 전문을 자주 인용한다.

건강(健康)이란 질병이나 단지 허약한 상태가 아닐 뿐 아니라 육체적-정신적 및 사회적으로 완전한 안녕(安寧)의 상태를 말한다.

정신과 의사의 눈에 들어오는 것은 이렇다. 정신적으로 완전한 안녕(安寧) 상태. 현대 사회에서 감히 누가 자신의 정신 상태에 대해 완전하다고 할 수 있는지 의문이다. 그래서 환자들에게

'당신은 지금 정상입니다'라고 말하기가 쉽지 않다. 하지만 난 이 질문에 답해야 했다.

'연수 씨는 정신적으로 건강한 걸까?'

'좋은 친구'란 어떤 건가요?

간혹 환자와 소크라테스식 문답법을 흉내 내며 질문과 답변을 주고받을 때가 있다. 이른바 산파술이다. 소크라테스는 진리와 지혜를 깨닫기 위해 자신은 산파처럼 도와주는 역할이고, 결국 스스로 깨우쳐야 한다고 말했다. 그래서 자신의 역할을 산파로 비유했다. 어머니가 산파였던 영향도 있었을 것이다.

정신과에서 산파술은 정신치료, 인지 치료에서 자주 활용되는 방법이다.

연수 씨에게 물었다.

"당신에게 청첩장을 준 그녀를 친구라고 생각하나요?"

"친구긴 하죠."

"친구가 결혼하면 청첩장을 받든 받지 않든 결혼식은 갈 수 있는 것 아닌가요?"

"친구 나름이죠. 그녀는 좋은 친구는 아닌 것 같아요."

"그럼 당신이 생각하는 좋은 친구란 어떤 건가요?"

"자주 연락하고, 내가 힘들 때 옆에 있어주는 친구가 좋은 친구죠."

"과거엔 그 친구와 단짝처럼 붙어다녔다고 하지 않았나요. 그럼 한땐 분명히 좋은 친구였네요."

"그땐 좋은 친구였죠. 대학 동기였고, 함께 여행도 다녔어요."

"그럼 한땐 좋은 친구라고 하더라도 몇 년째 연락이 뜸하다면 좋은 친구가 아닐 수도 있는 건가요?"

"선생님, 절 비난하시는 건가요?"

내가 산파술을 이용하면 자주 환자들에게 이런 원망 섞인 이야기를 듣게 된다. 이럴 때면 소크라테스가 당시 다른 소피스트들에게 괜히 미움을 받은 것은 아닌 것 같단 생각이 든다. 산파술을 사용해 면담을 진행하다 보면 환자의 얼굴이 빨갛게 달아오른다. 그러면 환자의 대답에 내가 괜히 시비를 거는 것 같단 생각이 든다. 결국 이 이야기의 끝은 환자가 맞닥뜨리기 싫은 결론이 많기 때문이다.

그날 난 연수 씨에게 '좋은 친구'에 대해 다시 정의해보라는 숙제를 내주고 치료를 마무리했다. 연수 씨가 더 병원에 오지 않을 수도 있겠다고 생각하고 말이다. 다음 외래 시간. 연수 씨는 병원에 오지 않았다. 예상했던 반응이라 기분이 씁쓸했다.

나보다 앞서가는 친구

"왜 전 실패만 할까요?"

20대 중반의 예쁘게 생긴 청년이 병원에 왔다. 무조건 심리검사를 해보고 싶다고 했다. 사정을 듣고 보니 청년의 친구는 몇 년 전 유명한 아이돌이 되었다고 한다. 안타까운 것은 그도 친구와 함께 아이돌 데뷔를 준비했다는 것이다. 작은 얼굴, 매력적인 옷차림, 좋은 목소리, 심지어 예의도 바르고 학업 성적도 나쁘지 않은 그였다.

그는 자신의 처지를 한탄하며 눈물을 흘렸다. 무엇이 어디서부터 잘못되어 자신은 이 나이까지 데뷔를 못했는지 정말 알고 싶다고 이야기했다.

이상하게도 주변을 보면 항상 잘난 친구가 있다. 이전엔 나와 큰 차이가 없다고 생각했는데 어느새 안부를 묻는 것조차 부담스러워진다. 그리고 내가 이런 느낌이 들 때쯤이면 이미 내 옆에 그 친구는 없다.

"선생님, 제가 언제 페이스북을 살펴보는지 아세요. 제가 너무 한심해서 바닥으로 떨어져야 정신을 차리겠구나 싶을 때 친구들 페이스북을 보면 돼요. 그러면 제가 얼마나 형편없는 놈인지 알 수 있어요. 정말 저만 빼고 다 행복해 보이거든요."

한 환자가 내게 이런 이야기를 했을 때 친구들의 페이스북을 쭉 훑어본 적이 있었다. 다들 자신의 직장에서 한자리는 차지하고 있었다. 해외는 어찌나 많이 가던지. 열 명이 넘어가니 세계 여행을 다녀온 기분이었다. 남미를 다녀온 친구, 아프리카에서 봉사활동, 오지 해외 선교. 이렇게 페이스북을 돌아다니다 보니 친구에게 메시지가 왔다.

"오! 라디오에 나왔어~"

한동안 지역 라디오 방송국에서 한 코너를 맡아 매주 진행한 적이 있었다. 정말 새로운 경험이었다. 그리고 자랑하고 싶었다. 방송할 때마다 페이스북에 올렸다. 그러고 보니 내 페이스북도 친구들과 다르지 않았다. 온통 해외여행 사진이다. 그리고 내가 행복한 모습만 한가득이다. 그날 난 페이스북을 탈퇴했다.

지금 생각해보면 나도 참 충동적인 녀석이란 생각이 들지만 당시엔 내가 참 어리석고 못나 보이고 부끄러웠다. 그리고 내 페이스북이 누군가에게 큰 고통이 될 수 있단 사실에 그것을 가만히 둘 수 없었다.

오늘도 한 환자가 내게 말했다. 자신의 인생은 실패했다고 말이다. 환자는 어머니가 이 사실을 확인시켜줬다고 했다. 오늘 그녀는 이혼 서류를 접수했다. 어머니는 이혼을 반대했다고 한다. 그런데 오늘 이혼 서류를 접수했다고 하자 어머니가 울며 이야기한 것이다.

"아이고, 이년아. 넌 이번 인생 실패한 거야."

안타까움에 하는 어머니의 말이란 것을 알지만 환자는 내 앞에서 눈물을 흘렸다. 그러면서 자기 주변의 친구들은 다들 잘 사는데 왜 나만 그런 남자를 만나 부모 가슴에 못을 박고, 자신도 이 모양인지 모르겠다고 말했다.

인생의 실패에 마음 아파하는 환자에게 어떤 말을 해줘야 할지 고민되는 순간이 많다. 특히 그 환자가 자신의 친구들은 다들 잘 산다고 말하면 특히 더 고민이 된다. 적어도 나를 찾는 환자들에게 정신과 의사는 성공한 사람이니 말이다. 어설픈 내 위로의 한마디가 그들의 마음을 더 아프게 할지도 모른다.

'그가 내 친구라면 나는 어떻게 했을까?'

'일단 위로를 해 주는 것이 먼저겠지. 그런데 환자에게 무작정 위로를 해도 되나?'

'잘난 친구들 소식만 들어서 그렇지, 당신보다 힘든 인생도 많다고 하면 싫어하겠지.'

온갖 생각이 머리를 스쳐 지나간다.

소꿉친구

초등학교 친구에게 전화가 왔다. 난 고향을 떠나 기숙사가 있는 고등학교를 선택한 탓에 초등학교 때 친구가 거의 없다. 그런데 서른이 넘어가는 시점에 전화가 온 것이다. 날 기억하고 전화를 준 친구가 정말 고마웠다. 그런데 이 친구와 나 사이를 생각하면 꽤 의외의 전화였다. 정말 이 친구와 얼마나 싸웠는지 모른다. 어린 시절 충동성 하나로는 뒤지지 않는 나였기에 조그만 시비에도 주먹이 먼저였다. 한번 싸움을 시작하면 누군가 뜯어말릴 때까지 죽자고 덤벼드는 놈이 바로 나였다. 그래서 주먹깨나 쓰는 그 친구에게 난 참 거슬리는 존재였다.

친구는 어린 시절을 생각하면 가장 먼저 생각나는 녀석이 나였다고 한다. 이유는 예상한 바였다. 그때도 지금도 자신에게 나처럼 덤벼드는 놈은 내가 마지막이었단 것이다. 서른 살의 녀석은 태권도를 전공했고, 나보다 훨씬 큰 키와 몸집을 자랑하고 있었으며, 이젠 타종목 스포츠의 프로 선수가 되는 길을 준비하고 있었다.

친구와의 만남은 즐거웠다. 어린 시절을 이야기하다 보니 웃음이 끊이질 않았다. 서로 오해가 있던 부분도 있었고, 내가 몰랐던 부분에 대한 고백은 눈물을 글썽이게 했다. 하룻밤을 같이 지내며 어린 시절로 돌아가 몸싸움을 했고, 서로 어찌나 욕을 해 댔는지 모르겠다. 한동안 그 녀석과 자주 전화하며 이런저런 이야기를 했다. 이것이 진정한 남자의 우정이라 생각하며 말이다.

그러다 한동안 녀석과 연락이 뜸해졌다. 서로 바빴던 탓이다. 밤늦게 녀석에게 느닷없이 전화가 왔다. 경제적인 안정이 필요해 독서실을 열었다는 것이다. 그러면서 내가 참 부럽다고 말했다. 의사는 돈을 잘 번다는 이야기였다. 살짝 술을 마신 듯했다. 당시 월급 200만 원을 받는 레지던트여서 수억 원을 들여 독서실을 크게 연다는 녀석의 말에 모순이 있다고 생각했지만 가만히 듣고 있었다.

서른이 넘어 내게 전화했을 때 자랑하고 싶었던 모양이었다. 그런데 내가 의사라 마음껏 자랑하지 못했고, 그때도 지금도 나는 그 친구에게 패배감이 들게 만드는 녀석이라는 것이다. 그러면서 프로 선수의 길을 잠깐 접어 두고 독서실을 하려고 하니 마음이 아주 힘들다는 것이었다. 그것이 마지막 통화였다. 지금껏 나도 그 친구에게 전화하는 것이 힘들다.

'그에게 나는 어떤 친구였을까?'

환자들이 자신의 친구들은 모두 행복한데 자신만 실패한 것 같다는 이야기를 할 때면 나는 이 친구가 떠오른다.

'좋은 친구'의 정의

몇 달이 흐르고 연수 씨가 다시 나를 찾아왔다. 인상 깊었던 환자여서 바로 기억이 났다. 그때 친구의 결혼식을 갔는지 바로 묻고 싶었지만 먼저 조심스레 연수 씨에게 '좋은 친구'에 대한 정의를 다시 물었다.

"좋은 친구에 대한 답을 찾았어요?"
"결혼식은 가지 않았어요. 그땐 정말 가기 싫었거든요. 하지만 선생님 말씀은 계속 생각했어요. 몇 번을 생각해도 자주 연락하고 힘들 때 옆에 있어주는 친구가 좋은 친구인 것 같아요. 그런데 제 정의에 조금 이상한 점이 있더라고요. 이렇게 정의를 내리니 제가 노력하지 않으면 전 단 한 명의 좋은 친구도 얻지 못하겠더라고요. 저도 자주 연락해야 하고 그 친구가 힘들 때 옆에 있어줘야 하니 말이죠. 그런 생각도 들었어요. 친구에 대해 어떤 정의를 내리든 저도 노력하지 않으면 절대 좋은 친구를 얻을 순 없더라고요."

    연수 씨는 자신에게 많은 친구가 있지만 좋은 친구는 없다고 말했다. 그러면서 좋은 친구가 될 준비가 안 되어 있던 자신을 탓했다. 하지만 지금도 늦지 않았다고 생각하며 좋은 친구가 생길 것이라 확신했다. 좋은 친구에 대해 어떤 정의를 내리든 자신의 노력이 많이 필요하단 사실에 관해 이야기하며 이제까지 자신이 다소 옹졸했음을 인정했다.

    연수 씨는 이미 청첩장을 건네준 친구와 관계 회복을 위해 노력하고 있었다. 아직 예전만큼은 아니지만 점점 좋아질 것이라 믿고 있었다. 자신을 받아준 그 친구에 대한 자랑도 빼놓지 않았다.

    정신과 첫 수업. 정상에 대한 개념 중 마지막에 배운 것은 유명한 정신과 의사인 멜라니 클라인의 정의다.

    첫째는 어려운 상황에서도 신념을 지키는 힘이다.
    둘째는 모순된 감정을 다루는 능력이다.
    셋째는 갈등 없이 기쁨을 느낄 수 있는 능력이다.
    넷째는 사랑할 수 있는 능력이다.

이 네 가지의 힘과 능력이 적절히 갖춰져 있다면 정상이라는 것이다. 연수 씨에게 말하진 못했지만 다시 본 연수 씨의 모습은 정상이었다.

'서로가 원하는 거리에 있어주는 관계'

적어도 내 진료실에서 친구 관계에 가장 목을 매는 이들은 중고등학교 학생이다. 이들에게 친구는 부모보다 더 소중한 존재들인 듯하다.

그런데 이런 친구들이 시간이 지나면서 변한다. 그리고 나보다 앞서가는 친구들로 인해 스트레스를 받는다. 그리고 그들과 비교하며 내 인생을 실패한 인생으로 규정짓기도 한다.

의대 6년, 인턴 1년, 4년간 레지던트 생활. 도합 11년이다. 초등학교 6년이 길다고 하지만 매년 반이 바뀐다. 그런데 의대에 진학해서 만난 동기 중 몇 명과는 11년 동안 한 반이 될 수도 있다. 내 동기 중에 한 명과 난 11년 동안 한 반이었다. 지금도 환자를 보다 막히면 항상 조언을 구한다. 인생에서 힘들 때도 연락한다. 내가 개원할 무렵엔 경제적으로 힘들면 언제든 이야기하라고 한 형이다. 이 형이 있어서 항상 든든하고 고맙다.

하지만 11년 동안 항상 사이가 좋았던 것은 아니다. 서로 말하지 않았지만 분명 서운한 점이 있었을 것이다. 적어도 난 형이 부러웠던 적이 많았다. 워낙 좋은 사람이기에 형은 동기, 선배, 교수님의 사랑을 많이 받았다. 여러 명이 섞여 있을 땐 몰랐는데 두 명 중에 비교당하다 보니 4년 내내 힘든 적이 많았다. 그럴 때면 난 불알친구가 진정한 친구라 생각했다.

서로 경쟁을 하며 감정적으로 부딪치던 대학생 시절, 어디서 주워들었던 말을 떠올렸던 것이다. 커서 사귄 친구는 이해관계가 있기에 진정한 친구가 될 수 없다는 말이다. 소꿉친구, 고향친구, 불알친구에게는 전화해 마음껏 욕지거리를 하며 우정을 즐겼다.

지금도 분명히 이런 욕구가 내 안에 있음을 부정할 수 없다. 그런데 이 관계가 그렇게 좋다면 난 이 관계를 넓히기 위해 아니면 더 깊게 하기 위해 노력해야 할 텐데 그러지 않는다.

나를 찾는 이들도 비슷하다. 이해관계가 없는 진정한 우정을 나눌만한 친구를 가지고 싶다고 한다. 하지만 동시에 다소 이상한 마음이 한 켠에 있다. 행복한 모습만을 SNS에 올린다. 가끔 슬픈 마음을 전하기도 하지만 회복되고 나면 지워버린다. 그래서 친구들의 SNS는 항상 맑음인 것이다.

자신에게 너무 깊숙이 다가오는 사람을 경계한다. 자신만의
영역을 가지고 싶어 하고, 그것은 누구도 방해해선 안 된다고 생
각한다. 어린 시절을 그리워하면서도 그 친구들과 적당한 거리
를 유지한다. 자칫하다간 자신의 고요한 삶을 방해하는 조짐이
보이면 연락하지 않는다.

인생의 아픔을 경험하면 자신보다 앞서가는 친구들이 유난히
두드러져 보인다. 그들은 아픈 나를 더욱더 힘들게 하는 사람이
다. 그들에게 어떤 잘못도 없음을 알지만 괜히 밉다. 그리고 그
들을 좋지 않은 친구로 분류하고 미워한다.

친구 관계로 힘들어하는 환자들도 보고, 친구로 인해 힘을 얻
는 환자들의 이야기도 들으며, 지금 내가 친구라는 관계에 대해
내린 결론은 이렇다. 때에 따라 친구와 나만의 각자 상황이 있다.
그래서 서로가 원하는 거리에 대한 조율이 필요하다는 것이다.

힘들 때 옆에 있어주면 하는 친구가 있다.

힘들 때 옆에 없었으면 하는 좋은 친구도 있다.

내 마음속 깊이 다가왔으면 하는 친구가 있다.

지금은 깊이 다가오는 것이 부담스러운 좋은 친구도 있다.

이제는 나와 너무 수준 차이가 나서 부끄러운 친구도 있다.

내가 너무 부담스러워 스스로 거리를 두게 만드는 좋은 친구도 있다.

정상에 올라서 있는, 내 인생의 목표가 되는 친구가 있다.

정상에 올라서 있어 내 인생을 초라하게 만드는 좋은 친구도 있다.

나는 거리를 좁히고 싶은데 친구가 한 발 물러서는 순간이 있다. 그럴 땐 지켜봐야 할 때다. '지켜 보다'란 말은 그냥 흘러가게 둔다는 의미가 아니다. 관심을 가지고 주의를 기울여 바라봐야 한다는 의미다.

친구가 내 상태를 모르고 내게 다가오려고 할 때 한 발 물러서고 싶은 순간이 있다. 그런데도 다가오려고 하면 그때는 달아나고 싶다. 그런 때가 내게도 있음을 기억하고 지켜봐주자. 서로가 원하는 거리에 있어주는 관계. 그것이 바로 좋은 친구다.

관계 유지를 위한 특급 기술
따뜻한 마음

"아이가 공감 능력이 떨어지네요."

15세, 김성훈.

학교에서 친구를 때려 정신과 진료를 권유받았다. 검사 결과는 자폐 스펙트럼 장애. 정상적인 지능을 가지고 있는 아스퍼거 장애 아이였다. 성훈이는 다른 사람의 느낌이나 반응에 신경을 쓰지 않았다. 소리에 민감해 주변에서 큰 소리를 내면 화를 내서 부모를 당황케 하는 아이가 바로 성훈이다.

공감 능력이 떨어지는 아이

소아 청소년 환자를 보면 유난히 자주 사용하게 되는 단어가 있다. 바로 '공감 능력'이다. 소아 청소년의 경우 자기 생각을 표현하는 데 익숙지 않고 증상도 겉으로 드러나지 않는 경우가 적지 않다. 그래서 그들의 심리 상태를 파악하기 위해 종합심리검사를 자주 하게 된다. 그럼 어김없이 공감 능력에 대한 평가가 따라온다.

정신과에서 하는 검사라는 것이 부족한 점을 찾는 것에 중점을 두다 보니 공감 능력에 대한 언급이 나오면 대부분 부정적이다. 이 말을 들은 어머니의 눈에는 어느새 눈물이 떨어진다. 아버지의 눈빛은 걱정으로 가득하고 진료실에선 한숨 소리만 들린다. 그런데 정말 이렇게까지 슬퍼해야 하는 일인지 점점 모르겠다. 가끔 슬퍼하는 부모에게 묻는다.

"어머님, 공감 능력이 뭔가요?"

갑자기 눈물을 그치며 나를 멀뚱멀뚱 쳐다본다. 우린 사실 공감 능력에 대한 정확한 정의조차 모른다. 막연히 공감 능력이 좋아야 사람을 사귀는 것이 좋지 않을까? 대인관계에서 유리하지 않을까? 그 정도다.

'공감'의 사전적 의미
남의 감정, 의견, 주장 따위에 대하여 자기도 그렇다고 느낌. 또는 그렇게 느끼는 기분.

사전적 의미로 보면 정말 별것도 아니다. 문제는 우린 '공감'이란 단어에 대해 사전적 의미보다 훨씬 넓은 의미를 적용한다는 것에 있다. 모든 좋은 감정은 '공감'이란 단어에 다 포함시키는 듯하다.

연민과 공감의 차이

정신과 전문의가 되기 위해서 반드시 거쳐야 할 관문이 있다. 자신이 수행한 정신치료 과정에 대해 지도 감독을 받는 것이다. 이뿐만 아니라 전문의 2차 시험에 지도 감독을 받은 내용으로 몇 가지 질문에 답해야 한다. 이때 자주 나오는 질문 중 하나가 바로 연민(sympathy)과 공감(empathy)의 차이를 묻는 것이다.

연민(sympathy). 타인을 불쌍히 여기는 마음이다. 보통 연민의 감정은 내 관점에서 타인에게 일어난 일을 안타깝게 여기는 것이므로 공감과 차이가 있다.

추운 날, 차가운 바닥에 누워 있는 노숙자를 보면서 불쌍한 마음이 들면 연민이다. 조금 발전시켜 '내가 저 사람이었으면 어떤 기분일까?'라고 생각하는 것도 엄밀히 말해 공감은 아니다. '내가 저 사람이었으면'이라고 생각하는 순간, 결국 내 가치관을 기준으로 상황을 판단하는 것이 되어버리기 때문이다. 공감은 '상대방이 세상을 바라보는 방식을 이해하는 것'이다. 그 노숙자의 감정을 느끼고 생각을 이해하려고 하는 것이 공감이다. 여기에 '올바른', '따뜻한'이란 의미는 없다.

요즘 학교에서 친구를 심하게 때리거나 집단 따돌림을 주도하면 학교폭력위원회가 열린다. 처음 이런 일이 있으면 정신과 치료를 권유받는 경우가 많아 병원을 찾게 된다. 그럼 이런 아이의 공감 능력은 어떨까? 한 아이에 대한 온라인 집단 따돌림을 주도한 학생이 병원을 방문한 적이 있다. 검사 결과 이 아이는 또래 다른 아이들보다 훨씬 높은 공감 능력을 갖추고 있었다.

성훈이는 분명 공감 능력이 떨어지는 아이였다. 하지만 아이의 부모는 독실한 천주교 신자였다. 어릴 적부터 성훈이를 데리고 봉사활동을 다녔다. 그래서 아이가 아스퍼거 장애를 가지고 있고 공감 능력이 떨어진다고 했을 때 부모는 믿지 않았다.

"어머님, 아이가 아스퍼거 장애를 가진 것 같아요. 공감 능력이 크게 떨어지네요."

"선생님, 무슨 소리예요. 우리 아이가 봉사활동을 얼마나 좋아하는데요. 저희 부부와 같이 매달 봉사활동을 나가고 있습니다. 한 번도 싫다 한 적이 없는 아이예요."

"성훈아, 봉사활동 가는 것 재밌니?"

"네. 부모님과 드라이브하는 것 좋아요. 음식 나르는 것도 재밌어요."

"거기 있는 아이들과 친하게 지내니?"

"아이들이 웃는 게 좋아요."

공감 능력이 높다고 해서 착한 사람도 아니고 다른 사람을 잘 돕는 것도 아니다. 반대로 공감 능력이 떨어진다고 해서 나쁜 사람도 아니고 다른 사람을 돕지 못한다는 것도 아니다. 우리 주변엔 공감 능력이 떨어지는 수많은 위대한 사람들이 살고 있다.

상대방의 마음을 읽는 것

요즘 바뀐 문화 중 마음에 드는 것이 있다. 처음 보는 사람에게 나이, 직업을 물어보는 것이 실례라고 한다. 10년 전만 하더라도 상대방의 나이, 직업을 모르면 그에 맞는 호칭, 예절을 차릴 수 없어 이런 것들을 묻는 것이 당연했다. 지금은 개인의 공간을 함부로 침범해선 안 된다는 문화와 나이, 직업에 상관없이 예의를 차려야 된다는 이유로 이런 것들을 묻는 것은 실례되는 행동이 되었다.

아직 이 문화가 익숙지 않다. 하지만 바뀐 문화가 마음에 드는 이유는 바로 내 직업 때문이다.

정신과 의사라고 하면 특이하다고 생각하는 한 부류가 있다. 나에게 대놓고 뭐라곤 하지 않지만, 아내에겐 슬며시 물어보는 경우가 많다. '정신과 의사랑 살면 불편하지 않아요?' 그리고 다른 부류는 자신의 마음을 들키지 않기 위해 경계하는 사람들이다. 내게 말을 거는 것조차 부담스러워한다. '정신과 의사는 점쟁이가 아니라고.' 속으로 얼마나 외쳤는지 모른다.

가끔 환자들은 나를 너무 답답하게 한다. 환자를 데려온 보호자도 내게 말한다.

"선생님, 제 아내가 무슨 생각을 하는지 도무지 알 수가 없어요."

"제 아들이 왜 자해를 하는 거죠. 정말 아들이 무슨 생각을 하는지 알고 싶어요."

"선생님, 검사를 하면 딸이 왜 그렇게 우울해하는지 알 수 있는 건가요? 저와는 대화를 안 하려고 해요."

이런 보호자들을 만나면 나도 그들과 동화된다. 나도 모르게 '환자가 어떤 마음으로 저러는지 속시원히 설명해드리죠.' 이런 마음 다짐을 하게 된다.

레지던트 시절. 매일 진통제를 먹지 않으면 배가 너무 아프다고 호소하는 환자가 입원했다. 개방 병동에 입원한 환자는 너무 편안해 보였다. 자기 집인 양 편하게 웃고 떠드는 환자를 보며 난 틀림없이 꾀병이라 생각했다.

난 그날 새로운 진통제라고 환자를 속이고 비타민을 처방했다. 환자는 아무런 문제가 없었다. 걱정하는 보호자에게 내가 처방한 약물에 관해 설명했다. 교수님에게도 당당히 환자가 꾀병이라고 말했다. 그리고 처음으로 교수님의 화가 난 모습을 볼 수 있었다.

난 두 가지 실수를 했다. 보호자의 마음은 헤아렸지만 환자의 마음을 놓쳤다. 그리고 환자의 마음을 읽으려고만 했고, 이해하려고 하지 않았다. 그냥 환자가 꾀병이란 사실만 증명하려 했었다. 왜 환자가 대학병원에 입원을 선택할 정도로 큰 꾀병을 만들어 냈는지 전혀 이해하려 하지 않았다. 그날 이후 난 한 번도 위약을 준 적이 없다.

가끔 병원에 꾀병을 부리는 자녀와 함께 근심 가득한 부모님이 오는 경우가 있다. 치료를 진행하며 아이가 꾀병이라는 것을 알게 되면 보호자에게 단단히 주의를 준다.

"아이는 학교 가기가 싫어 배가 아프다고 합니다. 전 꾀병이라고 생각합니다. 아마 부모님도 꾀병일 가능성이 있다고 생각하셨겠죠. 그런데 지금 부모님이 해야 하는 일은 자녀가 꾀병을 부렸다고 나무라는 것이어선 안 됩니다. 꾀병을 부리면서까지 학교에 가기 싫어하는 아이의 마음을 이해해 주세요. 지금껏 아이를 걱정하며 따뜻한 마음으로 돌봐주신 것처럼 그 자세를 계속 유지해주세요. 결국 바른 길로 인도하는 것, 그것이 부모의 목표입니다."

망상장애 환자

망상장애. 이렇게 말하면 다소 어렵게 들리는 질환이다. 하지만 사실 정신과 질환 중 가장 자주 드라마에서 다루는 질환이기도 하다. 의처증, 의부증이 바로 망상장애다. 좀 더 정확히 말하면 망상장애, 질투형 유형 중 배우자의 부정과 연관된 경우, 우린 흔히 의처증, 의부증이라고 말하는 것이다.

내가 처음 접한 망상장애 환자는 색정형 유형이었다. 색정형 유형은 보통 자신보다 높은 사회적 위치에 있는 사람이 자신과 사랑에 빠졌다고 믿는 망상이다. 그녀는 자신이 일하는 회사의 사장님이 자신을 좋아한다고 강력하게 믿고 있었다. 그녀의 주장은 한결같았다. 사장님이 하는 행동 하나하나가 모두 자신에게 신호를 보내는 것이라고 했다. 그녀에게 우연의 일치란 없었다. 내가 있는 장소에 사장님이 나타나면 자신을 몰래 보러온 것으로 생각했다.

그녀가 혼자였고 이렇게 생각만 했다면 내게 올 일은 없었을 것이다. 그런데 그녀는 남편이 있었고 아들, 딸을 두고 있는 가정이 있는 여자였다. 결국 남편에게 이혼을 요구했다. 사장님이 자신을 좋아하니 놓아달라고 말이다. 이 사실을 접한 남편은 매우 놀랐다. 아내가 외도한 것이라는 생각에 참을 수 없었다.

그런데 가만히 생각해보니 사장님이 왜 자기 아내를 선택했는지 이해할 수 없었다. 그래서 아내에게 물었더니 대답이 가관이었다. 남편은 대화로 여러 차례 아내를 이해시키려 했으나 말을 듣지 않았다. 결국 그녀가 입원할 수밖에 없었던 이유다.

처음 그녀를 접하고 이야기를 들어보니 너무나 어이가 없었다. 그러나 난 당시 레지던트 1년 차. 뭔가 해보고 싶었던 때였다. 하나씩 잘 풀어서 논리적으로 설명하면 되겠다 싶었다.

"사장님이 신문을 보고 있었어요. 그런데 분명히 신문 뒤편에 '사랑'이란 글자가 크게 적혀 있었어요. 일부러 절 보라고 그렇게 펼치신 것이 틀림없어요."

"그건 신문에 영화광고가 실린 거예요. 지금 그 영화가 전국 영화관에 깔려 있어요."

"아니에요. 다른 사람이 들어오니까 민망했는지 얼른 신문을 내렸다고요."

"용건이 있어서 사장님을 찾아왔는데 계속 신문을 보고 있으면 오히려 실례되는 행동이지 않을까요."

"……"

몇 번의 면담 끝에 내가 얻은 결론은 단연 이것이다. 정신과 교과서에 적혀 있는 '환자의 망상에 직접적으로 도전하고 공격하는 것은 피하는 것이 좋다'는 문장을 뼈에 새겼다. 이후로 난 절대 망상장애 환자의 논리에 대들지 않는다. 가만히 그들의 이야기를 듣는다.

정신과 전문의가 되고서 만난 인상 깊은 망상장애 환자는 물을 먹지 않아 문제가 되는 경우였다. 그녀는 여러 정신병원에서 입·퇴원을 반복했다. 내가 있었던 병원에서만 벌써 7년이 흘러 있었다. 그녀의 기이한 망상 때문에 일상생활이 어려워 가족들은 그녀를 입원시킬 수밖에 없었다. 그녀의 아들이 오랜만에 면회를 왔지만, 그녀는 아들을 만나려 하지 않았다.

"선생님, 저 사람은 제 아들이 아니에요."

"저분이 몇 년째 어머님 병원비를 내고 계세요. 한 번씩 면회도 오시잖아요."

"제 아들 아니에요."

아들이 초등학생이 되었을 무렵 그녀의 질환은 시작되었다고 한다. 그녀의 집 부엌엔 쥐가 많아 음식 위에 쥐약을 자주 뿌려

됐다고 한다.

어느 날 그녀는 실수로 쥐약이 가득 든 봉지를 부엌 바닥에 떨어뜨렸다. 얼른 쥐약을 쓸어 담고 바닥을 깨끗이 물로 씻겨 내었다. 그런데 그날을 기점으로 그녀의 증상이 시작되었다. 그녀가 가족들에게 물을 사용하지 못하게 하는 것이었다.

"어머니가 물을 길으러 가시는 거예요. 우리 집은 지하수를 사용했거든요. 어머니는 이 물에 쥐약이 있어서 먹으면 안 된다고 하셨죠. 쥐약이 우리 집 지하수 아래 스며들었으니 절대 먹어선 안 된다고 제게도 물을 사용하지 못하게 하셨어요."

이사를 했지만, 그녀의 증상은 좋아지지 않았다고 한다. 병원을 여기저기 옮겨다닌 이유도 한동안 잘 계시다가도 물이 오염되었다며 물을 드시지 않아서라고 아들은 이야기했다.

다음날 면담 시간. 혹시 하는 마음에 이 이야기를 그녀에게 꺼냈다. 그녀의 한마디가 지금도 묵직하게 다가온다.

"절대 내 자식에게 그 물을 먹일 수 없어요."

추석이 다가올 무렵 아들이 다시 방문했다. 오랜만의 방문이다. 딸은 병원을 방문하지 않은 지 오래다. 그녀의 아들이 일 년에 한두 차례 정도 방문하는 것이 전부다.

"어제 아드님은 잘 만나셨어요?"
"제 아들 아니라니까요."
"아들이 아니면 명절에 찾아오시겠어요?"

면담실을 나가면서 그녀는 다시 내게 소리친다.

"제 아들 아니에요. 속에 다른 사람이 있어요. 제 아들 흉내를 내고 있는 거예요!"

그녀가 가지고 있는 증상을 정신과 용어로 까그라스 망상(Capgras delusion)이라 한다. 겉으론 동일해 보이는 사람이지만 속은 다른 사람이라 강하게 믿는 것이다.

그녀의 망상을 이해해보자면 이렇다. 그녀는 가족에게 거의 버려지다시피 한 사람이다. 하지만 그녀는 자신의 가족을 너무 사랑한다. 쥐약이 스며든 물을 먹으면 건강을 해치게 될까 봐 몇

킬로나 떨어져 있는 물을 길어왔던 사람이다.

그런데 어느 날 그녀의 가족이 자신을 정신병원에 입원시켰다. 가족이 너무 원망스럽고 밉다. 그런데 한 편으로 생각해보니 그녀가 너무나 사랑하는 아들과 딸이다. 생각보다 해결법은 간단했다. '저 사람은 내 아들의 탈을 쓰고 있구나. 내 아들이 나를 여기에 가둬둘 순 없지.' 그녀의 마음이 편해졌다. 더는 사랑하는 자녀를 미워할 필요가 없어진 것이다.

난 이렇게 그녀를 이해하면서 스스로 감동했다. 내가 공감 능력이 높아졌단 사실에 말이다. '이래서 정신과 전문의는 다르다고 하나.' 이런 생각에 우쭐해졌다. 그리고 이 우쭐함은 몇 년 동안 지속되었다.

공감 능력이 높은 정신과 의사

환자들이 오면 그들의 마음을 읽으려 하기보다는 이해하려고 했다. 그들의 입장에서 생각하려고 노력했다. 시간이 흐를수록 환자에 대한 이해는 깊어져 가는 듯했다.

보호자에게 내가 이해한 환자의 내면에 관해 설명하면 눈물을 흘리는 경우가 많았다. 자연스레 우쭐함이 지속되었다. 그런데 이 우쭐함을 무너뜨린 한 사건이 있었다.

친구에게 집단 따돌림을 당한 고등학생이 원망하듯 말했다.

"저희 엄마가 참 선생님을 좋아해요. 훌륭한 선생님이래요. 그런데 전 아니에요."

이 아이를 치료하며 많은 노력을 기울였다. 사업을 하느라 아이를 제대로 돌보지 못했다는 어머니의 눈물에 다른 아이들보다 좀 더 애정을 쏟았다. 당연히 아이의 내면에 대해 더 많이 알수 있었고, 몇 년 동안 아이가 얼마나 힘들었을지 이해할 수 있게 되었다.

그런데 아이가 내게 좋은 선생님이 아니라고 하니 배신감이 들었다. 아이가 진료실에서 나간 후, 창문을 열고 곰곰이 생각해봤다. 생각보다 답은 금방 나왔다. 난 아이에 대해 알고 싶어 하는 어머니와 더 많은 시간을 보내고 있었다. 따돌림을 당해 힘든 아이를 위로하는 것보다, 죄책감이 큰 어머니의 마음을 돌보는데 더 많은 시간을 보내고 있었다. 아이에게 난 공감 능력이 높은 정신과 의사였다. 하지만 자신의 이야기를 많이 들어주는, 한

마디 따뜻한 말을 건네는 정신과 의사는 아니었던 것이다.

요즘도 병원에서 많은 심리검사를 한다. 공감 능력에 대한 평가는 항상 나온다. 그런데 아주 문제가 되는 경우가 아니면 그냥 슬쩍 넘어가는 경우가 많아졌다.

그런데 친구 관계에 어려움이 있는 아이의 보호자는 공감 능력이란 단어에 민감하게 반응한다. 아이가 공감 능력이 다소 떨어진다고 되어 있는데 어떻게 하면 좋냐고 말이다.

"어머님, 공감 능력이 떨어지세요?"

대부분 보통이라고 말한다. 사실 아이를 데리고 병원을 찾을 정도인 부모 중 공감 능력이 크게 떨어지는 사람은 거의 없다.

"공감 능력이 높으면 관계를 맺는 데 유리할 수 있죠. 하지만 공감 능력이 높다고 해서 관계 유지를 보장해 주지도 않고, 반대로 공감 능력이 다소 떨어진다고 해서 관계 유지에 무조건 어려워하는 것도 아니에요. 어머님은 지금 공감 능력이 떨어지지 않는다고 생각하시잖아요. 아이도 결국 어머님 닮아서 그 정도 공감 능력은 키워나갈 거예요. 걱정하지 마세요."

공감 능력이 높은 친구들은 보통 관계 형성은 쉽다. 그들의 높은 공감 능력 덕에 관계 맺는 기술을 쉽게 습득하기 때문이다. 하지만 관계 유지에 들어가면 조금 달라진다. 높은 공감 능력에도 불구하고 관계 유지를 힘들어하는 친구들이 자주 보인다. 많은 경우 따뜻한 마음이 부족해서다.

관계 유지에 있어서도 공감 능력이 높으면 유리한 게 사실이다. 하지만 공감 능력이 낮다고 해서 너무 낙심할 필요는 없다. 책, 방송, 인터넷 등 모든 매체에서 공감 능력의 중요성을 말한다. 그리고 이것이 높으면 모든 관계가 술술 풀릴 것처럼 이야기한다.

그런데 정신과 의사로 지내며 지금까지 내린 결론은 공감 능력 향상을 위한 훈련은 아주 일부 사람들에게만 필요하다는 것이다. 자폐 스펙트럼 장애 환자 중 일부에게만 말이다.

난 공감 능력 향상을 위해 뭔가 가르치고 싶다면 아이에게 지속해서 따뜻한 마음이란 어떤 것인지 직접 보여 주라고 말한다. 갓 태어난 아이를 바라봤던 눈빛으로 다시 쳐다봐주고, 정말 사랑을 담아서 안아주고, 음식을 준비하고, 자녀에게 진심으로 따뜻한 칭찬을 해보라고 권한다. 주변의 어려운 사람에게 온정을 베푸는 모습도 보여주고 말이다.

따뜻한 마음이 배려를 낳고, 다른 사람에게 인정을 받으면서 공감 능력이 자연스레 높아지는 경우를 수없이 본다. 그리고 가만히 생각해보면 공감 능력이 다소 부족한 것 같지만 마음이 따뜻해서 오래 같이하고 싶은 친구들이 있을 것이다. 지금 내겐 두 명의 친구가 떠오른다.

매력적인 사람 되기
당신의 매력은요?

"저에게 어떤 잘못이 있길래 남편이 다른 여자를 바라보는 걸까요?"

67세, 김영자.

환갑이 훌쩍 넘은 나이의 그녀다. 그녀의 남편이 외도를 한 것은 이번이 처음은 아니다. 젊었을 땐 혈기를 누르지 못한 탓이라 여겼다. 나이가 들어선 유난히 속을 썩였던 자녀들 때문이라 생각했다. 그런데 칠순에 가까운 나이에도 여자를 밝히는 남편을 보자 그녀는 자신에게 뭔가 문제가 있는 것이 아닐까 생각하게 된 것이다.

착한 사람

어쩌면 자기 아들보다도 나이가 어린 의사에게 이런 이야기를 하는 것이 힘들었는지 그녀는 말하는 내내 얼굴을 붉혔다. 그리고 결국 내 앞에서 눈물을 보였다. 가족치료가 필요해 보였다. 하지만 난 가족치료를 좋아하지 않는다. 이유는 개인 정신치료보다 훨씬 에너지 소요가 많기 때문이다. 그런데 남편의 외도가 자신의 탓이라 생각하는 그녀를 돌려보낼 순 없었다.

"선생님, 저 이가 나만 바라보는 착한 남편이 되게 해주세요."

정신과를 처음 방문한 환자에게 은근히 자주 하게 되는 말이 있다.

"정신과 치료가 착한 사람을 만드는 치료는 아니에요. 저에게 그런 능력이 있다면 제가 이 자리에 있겠어요? 저도 그렇게 착한 사람이 아닌데 제가 무슨 재주로 그렇게 하겠어요."

부모에게 욕하는 사춘기 딸, 말보다 주먹이 앞서는 사고뭉치 아들, 술만 먹으면 집안 살림을 부수는 남편. 이런 사람을 가족 구성원으로 둔 사람들은 절박한 마음으로 정신과를 찾는다. 그리고 그들 중 몇몇 사람에게 정신과 의사는 매우 도덕적이며 사람의 마음을 움직일 수 있는 능력을 갖춘 존재다. 난 이런 존재를 신이라고 말하지만 그들은 정신과 의사에게 정말 이런 기대를 한다.

어느 정도 이해는 된다. 정신과 의사로 성장하는 과정에서 끊임없이 강조되는 것은 자신의 마음을 되돌아보는 것이다. 하지만 이런다고 해서 착한 사람이 되는 것은 아니다.

직원들과 회식 날, 한 직원이 내게 물었다.

"원장님도 환자에게 에로틱한 감정을 느끼나요?"

한 정신과 의사와 환자 사이의 애정행각이 성폭행인지 아닌지에 대한 판단이 이슈가 되면서 나온 질문이었다. 난 한치의 망설임도 없이 당연하다고 대답했다.

그런데 직원들의 반응이 정신과 의사가 어떻게 그럴 수 있냐는 반응이었다. 수년간 나와 함께 일한 직원들이다. 때론 말도 안 되는 논리로 내게 구박받았을 것이고, 눈물을 참으며 일한 날도 많았을 것이다. 그렇게 버텼던 직원들도 내가 정신과 의사라서 가진 어떤 기대가 있었던 모양이다.

정신치료에 들어가면 치료자는 '전이'와 '역전이'를 살펴야 한다. '전이'란 환자 자신이 중요하게 여겼던 사람에게 느꼈던 감정을 치료자에게 옮긴 것을 이야기한다. 쉬운 예를 들면, 치료자가 어린 시절 자신에게 권위적이었던 아버지처럼 느껴져 환자가 움츠러드는 것이다.

'역전이'는 반대로 치료자가 환자에게 느끼는 무의식적인 감정반응이다. 여기엔 사랑과 분노가 있을 수 있다. 정신치료에 있어서 치료자의 태도는 엄격히 중립적 자세를 지키며 서로에게 느껴지는 에로틱한 감정을 잘 다뤄야 하지 감정 자체를 막을 수는 없다. 날 가르친 선생님은 젊은 여성을 치료할 때면 항상 이런 면을 강조하셨다.

그날 직원들에게 여기까지도 이야기했지만 그들은 조금도 동의할 수 없단 눈빛이었다. 그러고 보니 나도 이들과 비슷한 경험을 한 적이 있었다. 보건소에서 일하는 사회복지사들과 가볍게 분식집에서 식사한 적이 있었다. 이런저런 이야기를 나누다 내 입에서 이런 말이 툭 튀어나왔다.

"선생님들은 참 착한 것 같아요."

그들의 주된 일은 취약 계층을 일일이 찾아다니며 그들의 정신 상태를 살피는 일이었다. 만약 치료가 필요한 이들이 있으면 적극적으로 돕는다. 진료실에서만 잠깐 만나는 나와는 달리 삶에 깊숙이 관여하는 게 그들의 일이다. 한 환자에 대한 이야기를 주고받으며 그들이 환자를 생각하는 마음이 정신과 의사인 나보다 나아 보여 말했다. 참 착한 것 같다고 말이다. 그런데 그들의 얼굴이 굳어졌다.

"선생님, 저희는 착해 보인단 말 좋아하지 않아요."

한 직원이 말을 꺼냈다. 사회복지사, 특수치료사 등 취약한 사람을 도와주는 직업을 가진 사람에게 착해 보인단 말은 칭찬이 아니라 자신들의 직업을 무시하는 뉘앙스로 들린다는 것이다. 다른 직원은 말을 거들며 정말 그 말이 듣기 싫다고 했고, 어리석어 보인다는 말을 듣기 좋게 표현하는 것 같다고 말하는 직원도 있었다. 당시 난 이들의 말이 전혀 이해가 가지 않았다.
직원들과 회식을 마치고 집으로 돌아오며 그때 생각이 났다.

어쩌면 그들도 나와 똑같은 마음으로 '착한 사람'에 대한 거부감이 들었을지 모르겠다. 그런데 쓸쓸한 것은 우리는 주변 사람들이 착한 사람들로 가득했으면 한다는 것이다.

"아들, 친구들과 다투지 말고 많이 양보해줘. 서운하면 아빠에게 말해. 웬만하면 아빠가 해줄게."

옆에서 이 말을 듣고 있던 아내가 발끈했다.

"너무 양보만 하지 말고 친구가 나쁘게 행동하면 말해야 하는 거야. 선생님에게도 말하고. 바보같이 맞고 있으면 엄마 속상해."

속으로 뜨끔했다. 아내의 말이 틀리지 않았다. 아들이 친구들에게 맞는다고 생각하니 얼굴이 달아올랐다. 내 아들은 또래 아이들보다 체격이 작고 발달이 느린 편이다. 그래서 친구들조차 아들에게 귀엽다고 말하고, 체격이 큰 친구는 아들을 때리고 넘어뜨리기 일쑤다.

하지만 아들은 모든 것을 놀이로 받아들인다. 웬만한 일에는 괜찮다고 말하며 계속 웃고 있다. 자신의 장난감에 대한 강한 애착도 없다. 자신이 좋아하는 물건도 다른 친구가 정말 필요하다고 설득하면 포기한다. 뭔가 강하게 사달라고 조르지도 않는다. 새 옷보다 다른 사람이 준 옷에 더 애착을 가진다.

"이 옷은 부산에 사는 형이 준 거야."

새 옷을 입혀도 자랑하지 않던 아들이 친척 형이 물려준 헌 옷을 입고는 친구들에게 자랑한다. 한마디로 착한 아이다. 이러니 우리 부부의 기도 제목은 늘 이렇다. 아들 주변에 착한 아이들로 가득했으면 좋겠다는 기도다. 아내가 자는 아들을 바라보며 말했다.

"나중에 이 녀석이 여자친구를 데려왔는데 어두운 친구면 마음이 아플 것 같아. 착한 아이였음 좋겠는데. 우리가 이 아이를 키우듯 여자친구도 곱게 자란 참 착한 친구였으면 좋겠어."

하지만 아내는 절대 착한 아이로 아들을 키울 마음이 없다. 가끔 환자들에게 묻는다.

"어떤 사람이 되고 싶어요?"

아직 착한 사람이 되고 싶단 말을 들어본 적이 없다. 칠순의 나이에도 다른 여자를 바라보는 남편. 어쩌면 자신에게 뭔가 문제가 있을지도 모른다고 생각하는 67세의 아내. 착한 사람이 되고 싶어 하는 이들이 없는 세상에서 난 이들의 관계를 어떻게 풀어나갈 수 있을까?

아리스토텔레스의 수사학

레지던트 1년 차 시절, 선배 중에 내가 유난히 따르는 사람이 있었다. 아니 몇몇을 제외하곤 모두 그 선배의 영향권 아래 있었다. 이유는 선배의 설득력에 있었다. 선배와 이야기하다 보면 어느새 내 손은 마우스를 클릭하기 바빴다. 오디오, 프로젝터 모두 선배의 설득에 넘어가 샀다.

당시 술도 먹지 않는 내가 선배의 와인 사랑에 넘어가 〈신의 물방울〉이란 만화책을 전부 읽었으며, 틈틈이 선배가 구독하는 와인 잡지를 손에 쥐고 있었다. 나중에 깨닫게 된 사실이지만 내가 이리도 이 선배의 설득에 잘 넘어간 데는 선배가 아리스토텔레스가 제시한 설득의 3요소를 적절히 활용하고 있었기 때문이었다.

첫 번째 요소는 '로고스'다. 인간의 이성을 건드리는 것이다. 선배는 오디오를 취미로 가지는 것이 얼마나 삶에 유익한지 여러 가지 논리적인 근거를 들어줬다.

나름 좋은 이어폰을 사용하고 있는 나에게 이어폰과 헤드폰의 차이를 설명했다. 그리고 큰 스피커가 저렴한 비용에 얼마나 더 뛰어난 성능을 보일 수 있는지를 과학적으로 풀어나갔다. 마지막으로 입문자가 선택할 수 있는 기기와 저렴하게 구입하는 방법에 관해서 이야기했다.

난 월급의 세 배나 되는 돈을 들여 오디오 한 세트를 구비했고, 이후 조금 더 나은 소리를 듣기 위해 두 개의 새로운 스피커를 구입했다.

두 번째 요소는 '파토스'다. 듣는 사람의 심리 상태를 고려하는 것을 말한다. 선배가 내게 오디오를 시작해 보라고 말한 때는 1년 차의 절반이 지난 시점이었다. 드라마를 통해 이제 웬만한 사람들은 다 알겠지만 대학병원 레지던트들이 피곤함에 절어 있는 이유는 환자를 치료하는 일 외에 다른 일이 너무 많기 때문이다. 환자 상태 보고, 의국 회의, 저널 발표, 케이스 보고, 정신 치료 세미나 등 조금도 틈이 없었다.

하지만 인간은 적응의 동물이다. 이런 의국 생활도 6개월 정도 지나니 익숙해졌다. 자연스레 적당한 취미생활을 해야겠단 생각이 들었는데 이 틈을 선배는 정확히 파고들었다.

세 번째 요소는 '에토스'다. 설득하는 사람의 특성을 의미한다. 간단히 말하면 설득하는 사람의 매력이 중요하단 것이다. 당시 선배는 3년 차였다. 가을이 되면 4년 차는 전문의 시험을 준비하느라 정신이 없다. 그래서 우리 의국은 가을부터 3년 차가 치프를 맡는다. 가을이 오고 그 선배가 치프가 되었다. 모든 레지던트 1년 차가 그러하겠지만 그들에게 치프는 가장 똑똑한 의사 중 한 명이다.

당시 선배가 무엇을 권하든 내가 능력만 된다면 그대로 했을 터였다. 오디오 다음에 선배가 권한 전자 제품은 프로젝터. 프로젝터를 설치하기 위해선 이사를 가야 했다. 난 큰 화면에 영화를 보고 싶다는 그 이유 하나만으로 이사를 결정했다. 그리고 지금까지도 이 선택을 후회하지 않는다. 이 선배는 정말 매력적인 사람이다.

매력적인 사람

영화 〈왓 위민 원트〉.

우연히 여자의 마음을 읽는 능력이 생긴 남자가 겪는 재미있는 로맨스 코미디 영화다. 남자라면 한 번쯤은 간절히 갖고 싶은 능력이다. 아니 남자든 여자든 상관없이 사람의 마음을 읽는다는 것은 정말 매력적인 능력이다. 난 이 영화를 몇 번이나 봤는지 모른다. 심심하면 영화를 틀어놓고 청소를 했을 정도다.

TV 채널을 돌리다 이 영화를 오랜만에 보게 되었다. 당시와 다른 점이 있다면 이제 난 제법 나이가 들었고 싱글이 아닌 가정이 있는 남성이며 학생이 아닌 정신과 의사란 점이다. 영화가 끝나고 이 영화는 이전과 다르게 내게 다가왔다.

사람의 마음을 그대로 읽는다는 것은 굉장히 피곤한 일이라는 사실이 첫 번째다. 정신과에 갓 발을 들여놓았을 땐 환자의 마음을 그대로 읽고 싶단 생각이 간절했다. 교수님과 환자에 관해 이야기를 주고받을 때면 더욱 그랬다. 그런데 지금은 사람의 마음을 그대로 읽을 수 없단 사실이 정말 고맙다. 때론 답답하지만 그들의 마음을 그대로 읽어 받게 될 마음의 상처를 생각하면 상상도 하기 싫다.

다른 하나는 남자 주인공의 매력이었다. 당시엔 몰랐는데 남자 주인공이 꽤 나이가 있었다. 생각해보니 설정이 사춘기 딸을 둔 남성이었다. 그런데 그런 사실을 잊게 만들 정도로 매력적인 인물이었다. 멋진 미소, 당당함, 유머, 자기 관리 등 다소 마초적인 면이 있는 건 사실이지만 마음을 읽을 수 있는 능력이 없었어도 충분히 매력적인 사람이었다.

내 주변을 가만히 살펴보았다. 재밌는 일이 벌어지고 있었다. 나를 포함해 한 정신과 선생님 옆에 유난히 사람이 많았다. 다들 그 선생님과 친해지고 싶어 한다. 직업적 특수성 때문인지 의사들은 자존심을 쉽게 버리지 않는다. 어떤 조직에 속해 있던 그들은 스스로 독립해서 개인 병원을 운영할 수 있기 때문에 자존심을 지키는 이들이 많다.

그런데 이 선생님 옆에는 그런 의사가 없다. 그 선생님이 한마디를 하면 별다른 불만 없이 일이 진행된다. 나도 그중 하나다. 쉽게 마음을 열고 의지하게 된다.

그러고 보니 이 선생님도 1년 차 시절 치프와 다르지 않았다. 늘 독서를 하고 세상이 돌아가는 데 관심을 기울인다. 의사들이 너무 자기 분야의 사람들과만 어울리는 것에 대해 경계하고 다양한 분야의 사람을 만나고 토론한다.

선생님과 대화를 하면 참 논리적이란 생각이 든다. 그래서 그 선생님께 누구를 소개해도 불만인 사람이 없다. 항상 답을 얻고 오는 경우가 많다.

나도 경험했지만 선생님은 굳이 누구를 변화시키려 하지 않는다. 그 사람이 처해진 상황을 가만히 듣고 선택하기 좋은 몇 가지 방향을 제안한다. 몇 번을 만나다 보면 성공한 의사란 생각보다 매력적인 사람이란 생각이 먼저 든다. 어느새 그 사람을 닮고 싶단 생각을 하게 만드는 것이다.

관계 유지에 힘들어하는 환자에게 다양한 방법을 사용한다.

"당신의 아이에겐 이런 면이 부족하네요. 사회기술훈련을 통해 이 점을 보완해나간다면 좋을 것 같아요."

로고스다. 논리적으로 아이에게 어떤 면이 부족한지를 짚어주고, 훈련을 통해 그 기술을 가르친다.

한 환자는 심리검사를 해보니 20대 시절 경험했던 트라우마 속에서 아직도 헤어나오지 못하는 상태였다. 다시 그런 일이 반복될까 불안해하고 있었다.

"지금은 관계 유지를 위한 노력보다 자신의 상처를 위한 치료가 먼저 필요한 것 같아요. 틀어진 관계로 인해 힘들겠지만 그 사람과 앞으로 어떤 관계를 이어나갈지에 대한 결정은 조금 늦추는 것이 좋겠네요."

파토스다. 그 사람의 심리상태를 파악한 후 적절한 때를 기다린다. 그런데 사실 로고스, 파토스보다 훨씬 중요한 것이 있다. 바로 에토스다. 환자들은 내가 무슨 말을 하든 받아들일 준비가 되어 있다. 이미 그들은 나에 대해 자세히 알아보고 온다. 그리고 나를 정신과 의사로 선택한 그들에게 난 신뢰할 만한 사람인 것이다.

"네, 선생님 말씀대로 해볼게요."

같이 있다 보면 분명 끌리는 사람이 있다. 이런 말을 하면 외모, 스펙부터 떠올리는 경우가 많다. 부정할 순 없다. 이런 것들이 사람의 매력에 많은 영향을 미치는 것은 사실이다. 하지만 모든 사람이 똑같은 것을 좋아하는 것은 아니다.

사람의 매력에 영향을 미치는 것에는 다양한 요소가 있다. 우리는 그것을 하나로 단정지을 순 없다. 나와 함께 살고 있는 사람의 어떤 매력에 끌렸는지 모르는 경우도 수두룩하다. 하지만 다른 사람을 제쳐두고 그 사람을 선택하는 데 영향을 미쳤던 매력이 분명 있다. 물론 때론 내가 가진 매력이 변하기도 하고, 상대방이 다른 매력에 눈을 뜨기도 한다. 그래서 매력관리가 필요하다. 매력이 있는 사람에겐 사람이 모여들기 마련이다. 당연히 관계 유지가 쉬워진다.

관계 유지로 힘들어하는 환자들에게 항상 하는 작업이 있다. 당신에게 어떤 점이 매력적인지를 짚어준다. 매력이 넘치지만 자기 스스로 움츠러든 사람이 있다. 이것이 내 매력이라고 내세우기엔 다소 부족한 매력을 가진 사람도 있다. 이왕 여기까지 왔으니 좀 더 매력적인 사람이 되기 위해 조금씩 노력해보자고 한다.

영자 씨에게도 말했다. 67세. 늦었다 생각하지 말고 매력적인 여자가 되어 보자고 말이다. 그동안 가정을 돌보느라 자신을 돌보지 못했던 그녀에게 당신이 얼마나 아름다운 사람인지를 매번 말했다.

그래도 남편이 당신의 가치를 계속 몰라주면 그냥 당신과 맞지 않는 사람이라 생각하라고 말했다. 영자 씨가 어떤 결정을 하든 나도 그녀의 자녀들도 영자 씨를 응원할 것이다.

나를 위한 B집단
직장 내 관계로 힘들어하는 이들을 위해

"선생님, 이 직장에서 전 외톨이인 것 같아요."

34세, 신수진.

이 직장에서만 10년째인 그녀다. 대기업은 아니지만 사내 직원이 100명 가까이 되는 회사다. 이런 중소기업 총무팀에서 일하다 보니 얼굴 한 번 안 스친 사람이 없다. 처음 입사할 때만 해도 요즘 사람답지 않게 착하다, 인사성이 밝다 등 좋은 말만 들었던 그녀였다. 그런데 그녀는 지금 직장에서 따돌림을 받는다.

직장 내 따돌림

평일엔 회사, 집. 주말엔 친구와 가끔 만나서 수다 아니면 집.

수진 씨의 삶이다. 요즘 흔한 젊은 직장 여성들의 삶이기도 하다. 연애하지 않냐는 질문에 남자가 무섭기도 하고 나이를 먹다 보니 자연스레 관심도 멀어졌다고 말한다.

언제부터 직장에서 따돌림을 당했는지는 모르겠다고 한다. 당연히 이유도 모른다. 하지만 수진 씨는 항상 마음 한쪽에 찝찝함이 있었다. 바로 자신이 누군가와 친밀한 관계를 맺는 데 다소 어려움이 있는 사람이란 것이다.

간혹 환자들이 자신의 친구를 데리고 병원을 찾는 경우가 있다. 보통 두 가지 이유 중 하나다. 한 가지는 자신의 친한 친구도 정신과적 문제가 있다며 환자가 억지로 끌고 오는 경우다. 다른 하나는 환자들의 친구들이 선뜻 먼저 따라가겠다고 나선 경우다. 스스로 정신과를 찾아오긴 다소 겁났지만, 친구를 따라왔단 핑계 삼아 정신과 진료를 한번 받아보고 싶었던 사람들이다.

수진 씨는 두 번째 경우였다. 그녀는 혼자서 다시 병원을 찾기 1년 전, 친구를 따라 병원을 먼저 방문한 적이 있었다. 그녀는 직장에서의 어려움을 토로했다. 그러면서 자신이 이상한 사람인지 물었다. 당시 수진 씨의 주된 호소를 한마디로 요약하면 '사회적 의사소통이 어렵다'는 것이었다.

소통의 기술

의과대학을 졸업하고 처음으로 직장을 가졌다. 대부분의 의대생이 그러듯 대학병원 인턴으로 들어간 것이다. 시작은 산부인과였다. 한 달간 주말 오프는 두 번. 첫 주말 오프 때 내가 찾은 곳은 서점이었다. 이유는 사회적 의사소통이 너무 힘들어서였다. 다른 친구들을 보면 교수님이 하는 말씀을 재치 있게 받아치고 은근슬쩍 아부도 하는데 나는 그냥 얼어 있었다.

가끔 질문이라도 받으면 긴장해 아무런 말도 하지 못했다. 내가 생각해도 이리 답답한데 다른 사람들은 오죽할까 하는 마음에 서점을 찾은 것이다.

서점에 가서 가장 위안이 되었던 것은 '소통'에 대한 책이 정말 많았단 사실이다. 나만 이렇게 답답한 것이 아니란 생각에 기분이 좋아졌다. 이렇게 한 권씩 사다 모은 '소통의 기술'에 대한 책이 어느덧 10권, 20권이 되었다. 내 책장 중 가장 손이 많이 가는 칸에 말 잘하는 방법에 대한 책이 한가득이었던 것이다. 친구가 집에 놀러 와서 내 책장을 보더니 웃으며 한마디했다.

"너 의사 안 하고 정치할 거야? 다른 책도 좀 읽어. 시도 읽고 소설도 보고."

아마 친구가 이 말을 하지 않았다면 몇 권이나 더 샀을지 의문이다. 우습게 들릴지도 모르겠다. 이런 내가 정신과 의사니 말이다. 수많은 소통에 대한 책을 읽은 것이 쓸모없는 짓은 아니었다. 안타까운 사실은 그때 책에서 배웠던 기술을 당시엔 전혀 사용하지 못했다는 것이다. 정신과 전문의가 된 지금에서야 사용한다. 시민 강좌를 할 때 가끔 주의 환기용으로 말이다.

내가 원래 사회적 의사소통이 힘든 사람이어서 유독 나와 비슷한 사람을 잘 발견한다. 보통 사회적 의사소통이 힘든 사람들이 병원에 오자마자 이런 어려움을 토로하진 않는다. 사회적 의사소통이 어렵기에 발생하는 문제들, 예를 들면 수진 씨처럼 은근한 따돌림을 당하고 있다거나, 아니면 대놓고 고문관 취급을 당하고 있다. 자신들이 왜 그런 취급을 당하고 있는지 의문을 가지며 말이다.

사회적 의사소통 장애

2013년 DSM-5가 발표되었다. DSM은 미국정신의학협회가 제작해서 출판하는 정신질환 진단 및 통계 매뉴얼이다. 이전에 출판된 DSM-4-Tr에서 몇 가지 추가된 질환이 있는데 그중 하나가 사회적 의사소통장애다.

놀라지 마시라. 이전엔 사회적 의사소통에 문제가 있으면 정신과 의사들은 환자에게 자폐 성향이 있는지를 관찰했다. 그런데 자폐 성향이 없으면서 사회적 의사소통의 문제를 호소하는 사람이 많이 발견되기 시작했다. 왜 이런 문제가 생겼을까? 이것에 대해 많은 논문이 출판되었다. 하나같이 인정하는 것은 이 사회가 복잡해졌다는 것이다.

인문학자들이 어떤 논리로 주장하든 부인할 수 없는 사실은 기술의 발전이 내가 경험하는 세상을 넓게 만들었다는 것이다. 과거엔 알 수도 없는, 어찌 보면 알 필요도 없는 것들에도 우린 노출되어 있다.

유명 연예인이 음주운전을 하다 적발되면 모르고 넘어가기 힘든 세상이 되었다. 미국 대통령은 실시간으로 자신의 행동을 트위터로 날리고 있고, 언론들은 그것을 받아쓰며 우린 수없이 많은 미디어 채널을 통해 어제 미국 대통령이 적은 트위터의 내용을 결국 알게 된다. 그리고 이는 기술의 발전이 세상을 넓혔지만 한편으론 좁게도 했단 사실을 증명한다.

미국 대통령이 방금 적은 편지를 맘만 먹으면 실시간으로 볼 수 있다. 오늘 우리나라에서 발표된 아이유의 신곡을 전 세계 사람들이 동시에 같이 들을 수 있는 세상이다. 즉 현재를 살아가는 우리는 다양한 정보를 실시간으로 받아들여야 한다. 이러지 않으면 사회적 의사소통의 어려움을 겪게 된다.

심지어 요즘은 오프라인 속의 나와 온라인 속의 나, 이렇게 두 가지 정체성을 가지고 산다고 해도 과언이 아닐 정도다. 이렇다 보니 수많은 규칙이 생겼다. 그리고 내가 속한 집단 사람들은 반드시 알아야 하는 그들만의 의사소통 방식도 존재한다.

얼마 전, 아이유가 신곡 Blueming을 발표했다. 이 노래가 유독 내 관심을 끌었던 이유는 바로 인터넷 연관 검색어 때문이었다.

'Blueming 가사 해석'

이 노래에 물론 영어가 조금 섞이긴 했지만, 한국어로 된 노래다. 그런데 노래를 듣는 순간 뭔가 다양한 의미를 던진다는 느낌이 들었다. 몇 번을 더 들어봤다. 그리고 하나씩 그 의미를 알아 가며 난 다행의 한숨을 내쉬었다.

'아직 이 정도는 이해할 수 있구나. 그렇게 꼰대는 아냐.'

'Blueming 가사 해석'이란 연관 검색어를 보며 클릭하는 그 순간, 마음이 두근거렸다. 솔직히 영어로 번역된 가사가 나왔으면 했다. 그런데 바람과 달리 정말 한글 해석이었다. 해석을 모두 읽어보고 나는 한숨을 크게 내쉬었다. 절망의 한숨이다.

'나는 절반도 이해하지 못했구나.'

모두 소개해주면 좋겠지만 일반적인 한 부분과 압권이라고 생각되는 한 부분을 소개하면 이렇다.

'뭐해?'라는 두 글자에
'네가 보고 싶어' 나의 속마음을 담아 우~
이모티콘 하나하나 속에
달라지는 내 미묘한 심리를 알까 우~

해석하면 이렇다. '뭐해?'라고 단순하게 보냈지만 상대방은 알아야 한다. '네가 보고 싶다'라는 뜻임을 말이다. 그리고 주인 공은 이모티콘 하나도 아직은 생각해서 보내고 있다. 이는 아직 이들 사이가 아주 가깝진 않은 사이라는 의미다. 썸을 타고 있단 것이다.

띄어쓰기없이보낼게사랑인것같애
백만송이장미꽃을, 나랑피워볼래?
꽃잎의 색은 우리 마음 가는 대로 칠해
시들 때도 예쁘게

이 노래 가사의 하이라이트다. 참고로 이 부분을 아이유가 부를 때 쉽없이 빨리 하지만 정확히 부른다. 내가 이해하지 못했던 부분이다. '갑자기 웬 띄어쓰기.' 카톡을 보낼 때 띄어쓰기를 하려고 하면 시간이 걸린다. 지금은 그 시간마저 아껴 사랑을 고백하고 있다. 카톡으로 말이다. 그리고 난 제목도 해석을 보고서야 알았다. 꽃을 피운다는 의미에서 알 수 있듯이 이 노래의 제목은 blooming과 blue를 묘하게 섞은 것이다.

이 노래를 들으며 사회적 의사소통 장애가 현대 사회에 왜 많은지 실감하게 된다. 지금은 이모티콘 하나하나에 담겨 있는 미묘한 심리를 이해하지 못하면 은근한 따돌림을 당하게 되는 사회다. 이런 변화에 적응하지 못하면 다른 이들의 눈살을 찌푸리게 하는 것이다.

DSM-5에 실려 있는 사회적 의사소통 장애 환자들의 특징을 간단히 소개하면 다음과 같다.

- 주변 분위기를 맞추지 못한다. 현재 이 장소에서 어떤 주제의 대화가 적절한지, 상대방의 감정을 고려해 목소리의 크기, 억양을 어떻게 해야 하는지 도통 감을 잡지 못한다.
- 행간을 읽지 못한다. 유머에도 미숙하다. 그래서 표현이 다소 서툴게 느껴진다. 때로는 엉뚱하게 느껴지기도 한다. 당연히 서로 오해가 쌓이는 경우가 많다.
- 비언어적 의사소통을 하는 데 어려움이 있다. 눈 맞춤, 몸짓, 표정 등 모든 것이 상대방으로 하여금 다소 불편감을 느끼게 만든다. 그리고 내가 보내는 비언어적 의사소통을 이해하는 데도 어려움이 있다. 당연히 이들과 대화하다 보면 답답함이 느껴진다.

이들에게 이모티콘 해석이란 너무 어려운 과제다. 아이유의 blueming은 그냥 멜로디 좋은 흥얼거림일 뿐인 것이다. 그렇기에 이들은 의도하진 않았지만 상대방을 불편하게 한다. 그런데 우린 그들이 자기중심적 성향이 강한 사람으로 느끼게 된다.

'왜 쟤는 자기 방식대로 해석하지?'

심한 자폐증 환자는 잠시만 옆에서 지켜봐도 너무 차이가 나기에 우린 이해하고 넘어간다. 이들은 그렇지 않다. 꽤 멀쩡해 보이는데 같이 있으면, 이상하게 사람을 힘들게 한다. 같은 말을 반복해서 하게 되고 좀 더 제스처를 크게 해야 알아듣는다. 심지어 분명히 알아들었다고 생각했는데 나중에 엉뚱하게 반응하는 것이다. 자연스레 우린 그들을 기피하게 된다.

"걔는 빼고 모이자."

사회적 의사소통장애를 가진 환자 입장에서 가장 안타까운 점이 있다면 이것이다. 그들은 자폐증 환자와 달리 그들 자신도 답답함을 느끼고 상처를 받는다는 것이다. 자신은 그럴 의도가 없었는데 다른 사람들이 나를 기피하고 있다는 사실이 느껴진다. 그래서 주변 환경이 받쳐주면 직장을 가지지 않는다. 사회적 상황에 노출되는 것을 꺼리게 되는 것이다.

하지만 상황이 여의치 않으면 어쩔 수 없이 사회적 상황에 노출되어야 한다. 그러면 어김없이 그들은 상처받는다. 누군가에게 이용당하기도 한다. 사회적으로 위축되고 자존감은 시간이 흐를수록 떨어진다. 그래서 그들은 스스로 정신과를 찾는다. 인간관계가 어렵다는 호소를 하며 말이다.

사회적 불안장애

간혹 환자들이 인터넷을 찾아보고 자신이 사회적 의사소통장애라며 병원을 찾는다. 하지만 상당수는 사회적 의사소통장애가 아니다.

물론 앞서 설명한 것처럼 사회가 복잡해지면서 사회적 의사소통장애 환자들이 늘어난 것이 사실이지만 아직도 절대다수의 문제는 바로 사회적 불안감이 높다는 것이다.

정신과 질환에서 절대 다수를 차지하는 인간의 특성 중 하나를 꼽으라면 단연 '불안'이다. 인간에게 불안은 생존에 필수 요소다. 불안감이 높은 사람은 각자의 삶에서 이 특성이 매우 불편하게 느껴지겠지만 생존에는 절대적으로 유리하게 작용한다.

영화관에선 영화가 상영되기 전에 반드시 대피로를 소개하는 영상이 나온다. 불안감이 높은 사람은 하던 일을 멈추고 영상에 집중한다. 그리고 영상이 가리키는 대피로를 눈으로 확인한다. 하지만 불안감이 낮은 사람은 옆에서 한마디한다. 뭘 그렇게 집중하냐며 말이다. 실제 영화관에 불이 났을 때 생존확률이 어떤 쪽이 높을지는 뻔한 결과다.

하지만 모든 불안에 대한 문제는 넘치는 것에서 발생한다. 사소한 일상의 문제에 대해서도 걱정하는 사람이 있다. 그들은 하늘에서 물건이 떨어져 자신을 덮칠 것이란 예상을 하고 그것에 대비한다. 매우 안전한 상태라는 것을 인식하더라도 언제 어떤 일이 생길지 모른다며 걱정하는 사람이 있는 것이다.

"선생님, 지금은 제가 너무 잘 살아요. 결혼해서 좋은 남편도 있고 예쁜 아이도 있어요. 그런데 제가 갑자기 죽으면 어떡하죠. 우리 아이는 누가 돌보나요. 이런 생각이 들면 너무 가슴이 두근대서 진정을 못하겠어요."

보통 이들은 우울증 환자와 달리 치료를 쉽사리 중단하지 못한다. 대다수가 자신이 결정한 사항에 대한 확신을 가지지 못한다. 그들은 자신의 말과 행동이 부정적 결과를 초래할 것이라 예상하고 그것에 대비한다. 그러다 보면 가장 쉬운 방법이 떠오른다. 바로 자신이 결정하지 않는 것이다. 다른 사람에게 결정을 미루게 된다. 자신의 의사를 내비치지 않는 것이다. 아주 사소한 결정이라도 말이다. 이들이 치료를 쉽사리 중단하지 못하는 이유다.

이렇다 보니 이들 중 일부는 당연히 사회적 상황에 노출되는 것에 공포를 느끼게 된다. 흔한 몇 가지 공포를 소개하자면 다음과 같다.

적면공포. 얼굴이 빨갛게 달아오르는 것을 무서워한다.

떨림공포. 말하려 하면 입술이 떨려 말을 더듬거린다. 술을 따를 때 손이 떨려 흘리기 일쑤다.

연단공포. 노래를 부르려 하면 심장이 터질 것 같다.

시선공포. 모든 사람이 자신을 쳐다보는 것 같아 자리를 피하고 싶다.

사회적 불안장애 환자들이 겪는 공포 중 가장 흔한 네 가지다. 이들에게 직장 회식은 가장 큰 고통 중 하나다. 이들은 생각한다.

'난 말을 잘 못해. 내가 그 장소에 가면 괜히 분위기만 망칠 거야.'

이런 결과를 예상하면서 회식에 참여하기란 쉬운 일이 아니다. 어떤 핑계를 대든 빠져나오고 싶다. 이들의 자존감은 바닥으로 치닫고 있다.

이렇게 하다간 자기 주변에 아무도 남아 있지 않을 것이란 부정적 결과를 예상하기 때문에 마음은 더욱 힘들어진다. 그리고 결국 자신을 사랑해주는 사람은 없으리라 생각한다.

A집단, B집단

퇴근하고 집에 도착하니 아들이 조용히 혼자서 울고 있다. 나를 보자 울음소리가 커진다. 아빠를 꽉 끌어안고 한동안 떨어질 줄 모른다. 엄마와 싸우고 한동안 토라져 있다가 나를 보자 안심이 되었던 탓이다.

이날은 온종일 아빠 옆이다. 잠자기 전 목욕도 아빠와 함께하겠다고 난리다. 엄마와 함께 자는 아들이지만 이날만은 자기 옆에서 자라고 한다. 그런데 아들의 이런 행동은 하루도 가지 않는다. 다음날 퇴근할 땐 나와보지도 않는다. 엄마와 웃고 안고 소리치고 난리다.

엄마는 A집단이다. 같이 지내는 시간이 많다. 원만한 관계를 유지해야 하는 사람이다.

아빠는 B집단이다. 같이 지내는 시간이 많진 않다. 하지만 엄마와 다투면 언제든 나와 함께 있어 줄 사람이다.

아들이 새로운 유치원에 들어갔다. 낯가림은 적은 녀석이라 쉽게 적응했다. 그런데 어느 날 사건이 발생했다. 한 친구가 아들에게 거짓말을 했다. "형들이 너보고 놀이방에서 나오지 말라고 했어. 나오면 혼내 준다고." 아들은 교실에 홀로 앉아 두려움에 떨었다.

한 시간 후 그것을 지켜본 선생님이 자초지종을 파악하고 친구를 불러 사과하도록 했다. 그래도 불안해하는 아이를 위해 유치원 선생님이 일찍 어머니를 불러 아이를 돌려보냈다. 며칠 동안 아내와 난 더욱 아들에게 신경을 쓰면서 놀아줬다.

유치원 친구들은 A집단이다. 그리고 가족은 B집단이다. A집단에서 뭔가 삐거덕거리면 아이는 B집단에서 스트레스를 해소하고 자신감을 얻을 수 있어야 한다. 며칠 동안 부모와 신나게 놀고 난 아들은 다시 유치원에서 친구들과 불안에 떨지 않고 놀 수 있었다. 아들은 부모와 놀면서 불안을 해소한 것이다.

이런 원리는 일생 동안 지속한다. 확실한 안전기지 역할을 해주는 부모가 있는 사람, 항상 밀접하게 지내는 친구 집단이 있는 사람은 자신의 주된 집단에서 다소 문제가 발생하더라도 이내 회복한다.

이유는 바로 B집단에서 스트레스를 해소하고, 다시 잘 어울릴 수 있다는 자신감을 키울 수 있기 때문이다. 이런 변화는 A집단에 속한 구성원들이 은연중에 느끼게 되고 다시 A집단에서 큰 무리 없이 지내게 되는 것이다.

개원하고 두 달 정도 지났을 때 20대 여성이 어머니와 함께 병원을 방문했다. 두 번째 시간이었을 것이다. 그녀는 진료실에서 눈물을 흘렸다. 여러 가지 속상한 일을 털어놓고 운 것이다. 그리고 나는 그날 한 통의 전화를 받았다. 의사가 싸가지 없이 감히 우리 딸을 울렸다는 전화였다.

아주 좋게 해석하자면 아직도 어리게만 느껴지는 내 딸이 눈물을 흘리니 너무 마음이 속상해서 의사에게 화풀이를 한 것이다. 하지만 그날 그 전화를 받으면서 "죄송합니다"라고 이야기하며 내 눈에서도 눈물이 쭉 흘러내렸다. 그리고 난 친구들에게 전화했다. 그 환자의 어머니를 흉보며 말이다. 당연히 다음날 별일이 없는 것처럼 진료했다. 이것이 B집단의 힘이다.

연락처를 정리하는 나

직장 내 인간관계의 어려움을 호소하는 사람은 너무나 많다. 어쩌면 이 책을 선택한 절대다수의 문제일 것이다. 혹자는 이렇게 말한다. 그렇게 힘들면 네가 사장하라고 말이다. 나도 한땐 이 말을 믿었다. 대학병원 원장은 절대 권력자로 보였고 관계의 어려움은 없으리라 생각했다.

그런데 지금은 전혀 동의하지 않는다. 우린 이미 몇 년 전에 권력의 정점에 있다고 생각한 사람이 얼마나 국민의 눈치를 보는지 생생하게 볼 수 있었다. 그리고 한국에서 제일 부자라고 생각되는 사람이 인간관계를 원활하게 하기 위해 얼마나 사소한 부분에도 신경을 써야 하는지 지켜봤다.

'모든 관계에서 갈등은 발생하고, 여기에는 결국 두 사람이 존재한다.'

그 장면을 지켜보며 다시금 떠올렸던 생각이다. 어려움의 차이는 있고 내용은 다를 수 있겠지만 말이다. 우스갯소리로 환자들에게 직장 내 관계를 단박에 개선할 수 있는 아이템을 소개하곤 했다.

"돈이 많으면 문제가 없어요. 1억씩 돌리면 다 해결이 돼요."

그런데 초등학교 4학년 아이가 이 아이템을 부숴버렸다. 엄마에게 처음으로 용돈 만 원을 받은 날. 이 친구는 어디에 써도 괜찮다는 엄마의 말에 핫도그 10개를 사서 친구들에게 돌렸다. 그리고 내게 한 말이 이렇다.

"내가 이렇게 돌리니 아이들이 좀 좋아하더라고요. 자신이 가진 사탕을 주기도 하고 딱지를 주기도 하고 그랬어요. 그런데 내게 사탕을 주면서도 몇 녀석은 여전히 절 싫어하는 것 같았어요."

결론적으로 직장 내 관계를 단박에 원활하게 하는 방법은 없다. 관계가 좋다 싶다가도 갈등이 생긴다. 겉으론 조용한 것 같지만 속을 들여다보면 손이 베일 정도로 날카로움이 서 있는 관계도 있다. 어찌 보면 이런 곳이 직장이다.

직장 내 관계의 어려움으로 유난히 힘들어하는 사람이 있다. 그래서 직장을 그만두는 사람도 있다. 하지만 다른 직장에서 또 다른 관계의 어려움에 맞닥뜨린다. 여기엔 다양한 요소가 존재한다. 사회적 의사소통이 어렵거나, 사회적 긴장감이 높아 관계 형성이 어려운 자신의 탓일 수 있다.

모든 일에 의심을 하는 사람, 배려가 없는 사람 등을 만나면 원만한 관계 형성은 물 건너가는 것이다. 그래서 나는 곧잘 이들에게 연락처를 한번 정리해보라고 주문한다. 여러 가지 의미가 있는 숙제지만 이런 사람들에게 자주 나오는 반응을 몇 가지만 소개하자면 이렇다.

하나. "연락처에 저장된 사람이 이렇게 많은 줄 몰랐어요."

둘. "정말 친했던 친구인데 연락 한 번 안 했더라고요."

셋. "분명히 친분이 있어서 연락처를 저장해놓았을 텐데 누군지 모르겠어요."

그리고 환자들이 결국 내게 하는 말이 있다.

"선생님, 제가 먼저 연락해도 될까요?"
"몇 년 동안 서로 연락이 없었는데 이상하게 생각하지 않을까요?"
"전화 걸어서 뭐라고 해야 하나요?"

그러면 나는 말한다. 일단 한번 걸어보고 이야기해보자고 한다. 아니면 지금 한번 전화해보라고 주문하기도 한다. 대부분 손사래를 치며 집에서 해오겠다고 하지만 말이다.

다음 외래 시간. 결과는 다양하다. 결국 전화 한 통 하지 않고 오는 사람이 참 많다. 도저히 용기가 나지 않았던 탓이다. 전화만 하면 친구들이 달려올 줄 알았는데 그렇지 않았다며 불평하는 사람도 더러 있다.

어떤 경우가 되었든 세상 그렇게 호락호락하지 않다는 것을 느끼고 온 것이다. 그리고 개중엔 친구가 달려왔다며 정말 기뻐하는 사람도 있었다. 그리고 전화만 했는데 자신이 웃고 있더라며 그 친구와 만나기로 약속을 잡았다고 신이 난 사람도 꽤 많았다.

뜬금없다고 반응할 것 같던 조용한 친구가 선뜻 카페에서 보자고 했다며 신기해하는 분도 있었다. 바로 수진 씨다. 난 수진 씨에게 좋은 B집단을 만들어보라고 말했다. 치열하게 노력해서라도 말이다.

A집단은 당신의 주된 무대다. 무대에 오른다는 것은 보통 긴장되는 일이다. 그리고 이해관계가 걸려 있는 경우도 적지 않은 집단이 바로 A집단이다. 당신에게 월급을 주는 직장은 대표적인 A집단이며, 거기엔 당신보다 앞서려고 하는 수많은 사람이 존재한다. 그러다 보니 관계를 잘 유지한다는 것이 쉽지 않은 집단이기도 하다. 그래서 더욱 B집단이 필요하다.

당신이 운 좋게 태어나서 든든한 가족이 있거나 어려서부터 나를 지켜준 친구들이 있다면 정말 좋을 것이다. 그런데 그렇지 않다면 지금이라도 치열하게 구해야 한다. 사회적 안전망이 되어 줄 B집단을 말이다.

관계의 거리
10미터

관계를 정리한다는 것.

주변에서 너무 흔하게 일어나기에 대수롭지 않게 생각된다.

그런데 나에게 닥치면 가장 참기 힘든 고통 중 하나다.

관계의 어려움을 생각하면

흔히들 관계의 시작과 유지에서 어려움을 이야기하지만

정작 병원까지 찾아오는 경우는 관계 정리에 대한 부담과 결과로 인한 것이다.

이것에 대한 명확한 해결책도 없지만, 지금까지 내린 결론은 이렇다.

숨기지 말고 많은 이들과 생각과 감정을 나눠야 한다는 것이다.

3

이 관계 이제
그만하고 싶습니다

: 관계 정리가 어려운 나

관계 정리에 대한 글을 쓰는 것이 조심스러웠다. 이유는 나도 잘하지 못하는 것이란 사실, 뭔가 슬픈 내용으로 책을 맺는다는 것에 대한 부담이었다.

한동안 글을 적지 못했다. 그러다 마음이 아픈 사람이 이 글을 읽을 것이란 생각을 다시 떠올렸다. 마음을 잡고 관계 정리에 대해 끄적여놓은 노트들을 정리했다. 주로 관계 정리로 힘들어하는 환자들을 보며 때마다 정리해놓은 생각들이었다.

이 글을 마무리하며 인생 처음으로 내가 좀 더 나이가 있었으면 했다. 그래도 내가 치료한 몇몇의 환자들에게 이 생각들이 분명히 힘이 되었기에 부끄럽지만 관계 정리에 대한 글을 적었다.

관계를 정리한다는 것은 항상 어렵다. 돌이켜보니 참 많은 사람들에게 상처를 줬다. 그리고 정신과 의사랍시고 가끔은 서슴없이 헤어지란 말도 했다. 많은 이들이 나로 인해 상처를 받았음이 틀림없다. 그들에게 정말 미안하다.

대화하려 하지 않는 관계
가깝고도 먼 가족

"선생님, 전 20세 때부터 집안의 가장이었어요."

32세, 이윤아.

그녀에겐 두 명의 식구가 있다. 어머니와 여동생. 아버지는 10년 전에 돌아가셨다. 그때부터 그녀는 집안의 가장이었다. 사회생활에 서툴렀던 어머니는 직장 생활을 오래 유지하지 못했다. 두 살 터울 여동생은 공무원 시험을 준비한 지 5년이 훌쩍 넘었다.

힘든 짐

'숨이 막힌다.'

가끔 환자들의 사연을 듣다 보면 숨이 막히는 순간이 온다. 어떤 말을 먼저 꺼내야 할지 모르겠다. '어린 시절, 나도 힘들었다'는 나의 이야기가 사치로 느껴질 만큼 현재 삶이 고달픈 환자를 만나면 눈을 마주치는 것조차 꺼려진다.

어느새 난 환자가 아닌, 모니터만 쳐다보고 있다. 의미 없이 휠을 돌리면서 말이다. 이 말을 하지 않길 바라지만 환자는 결국 내게 묻는다.

"언제까지 제가 이렇게 살아야 하나요?"

모든 인간관계가 어렵다고 하지만 이런 환자를 만날 때 가장 힘들다. 가족을 위해 어디까지 희생해야 하는지는 항상 의문이다. 예전엔 당연하다고 느껴졌던 사실조차 요즘은 다시 한 번 생각해보게 된다.

세 살의 아이를 둔 어머니가 우울증으로 왔다. 남편은 아내와 아이를 남겨두고 떠났다. 남편이 그들에게 남겨준 것은 아무것도 없었다. 떠난다는 말 한마디 없이 그냥 집을 나가버린 것이다. 그녀는 이혼을 선택해야 했다. 그래야 정부에서 주는 혜택을 받을 수 있었기 때문이다.

우울증이 오는 것은 어쩌면 당연한 수순이었다. 그런데 그녀가 힘들게 말했다. 나도 내 삶을 살아야 하지 않겠냐고 말이다. 그러면서 아이가 짐이 된다고 말했다. 그녀의 나이 아직 서른도 안 됐다.

"선생님도 당연히 아이를 키워야 한다고 말씀하시겠죠."

내가 선택하지 않은 삶

그녀는 남편과 결혼할 마음이 없었다. 아이를 가질 마음은 더더욱 없었다. 거의 반강제적으로 이뤄진 성관계 한 번에 아이가 생겼고, 결혼식도 없이 혼인신고를 했다.

아이를 지우는 것은 무서웠다. 그래서 아이를 낳았다고 한다. 그리고 지금 아이를 혼자서 키우는 것도 무섭다고 한다.

아이에 대한 정도 크지 않다며 이제는 떠나고 싶다는 그녀다. 자신이 선택하지 않은 삶이었다고 말하며 말이다.

윤아 씨도 그랬다. 이런 가족에서 태어난 것은 내가 선택한 것이 아니라고 말이다. 그래서 지금 자신은 떠나고 싶다고 했다. 내가 선택하지 않은 가족에 10년이 넘는 희생을 했으면 충분히 한 것이라고 윤아 씨는 말했다.

학창 시절. 한 선생님이 나에게 해준 이야기가 있다. 남자가 하루에 만들어 내는 정자 수는 대략 1억 개. 여성이 일생 배출하는 난자의 개수는 400에서 500개 정도라고 한다.

실제로 여성은 200만 개의 난모세포를 가지고 태어나며 이것들이 점점 줄어들어 결국 400여 개 정도만 배란에 성공한다. 70억이나 되는 사람 중에 내 부모가 서로 만나 지금 날 이루고 있는 정자와 난자가 만날 확률은 수학적으로 계산이 힘들 정도의 기적이 일어난 것인데, 이렇게 살면 어떻게 하냐는 야단이자 우스갯소리였다.

그런데 내가 선택하지 않은 삶을 살고 있단 환자들의 이야기를 들으면, 이 이야기를 떠올리며 지금 내 앞에 있는 이 사람은 지독히도 운이 없는 사람이란 생각이 든다.

굳이 이런 설명을 덧붙이지 않더라도 우린 이미 내가 선택하지 않은 삶에 대한 원망 섞인 하소연을 하며 산다. 바로 자신을 '흙수저'로 지칭하며 말이다.

요즘 20대 청년들을 만나 이야기를 하다 보면 자주 듣는 말이 있다.

"저는 흙수저예요."

보통 이렇게 말하는 이들에게 내가 어떤 이야기를 한다 해도 결론은 이것 하나다. 자신은 흙수저로 태어났기에 희망이 없고 당신이 뭐라 한들 그것은 당신이 나보다 좀 더 나은 수저를 안고 태어났기에 가능한 것이라는 결론이다.

그래서 그들이 사는 삶은 둘 중 하나다. 흙수저로 태어났기에 당연히 능력이 없다. 그래서 나에게 흙수저를 물려준 부모를 원망하며 성인이 되어도 그들에게 기대어 사는 삶이다.

다른 하나는 이 상황을 벗어나기 위해 필사적으로 발버둥치지만 흙 속에 파묻혀 어디로도 벗어날 수 없는 삶이다. 두 삶 모두 내 삶은 없다.

무관심한 관계

가족치료를 하면 자주 듣게 되는 말이 있다.

"전 눈빛만 보면 알아요."

같이 사는 기간이 늘어나면 서로에 대해 익숙해지게 된다. 그래서 서로 눈치껏 행동하게 된다. 상대방이 알아서 내게 맞춰 움직여주니 참 좋다. 그런데 신기하게도 눈빛만 보면 아는 관계에서 '권태기'가 온단 사실이다.

아이가 초등학교에 들어가면 어머니들이 한결같이 하는 이야기가 있다.

"이제 다 키웠어요. 확실히 손이 덜 가네요. 알아서 놀아요."

그런데 이들 중 몇몇은 나중에 내게 이런 말을 한다.

"아이가 저와 대화를 하려 하지 않아요. 사춘기인가봐요."

가장 많은 시간을 함께하지만 같이 있는 시간에 비해 가장 적은 대화를 나누는 관계가 가족이다. 그래서 서로 서운한 것이 참 많다. 그래도 말하지 않는다. 이유는 단순하다. 눈빛만 봐도 어떻게 나올 줄 알기 때문이란 '착각' 때문이다.

"선생님, 저희 부모님은 저한테 관심이 없어요."
"아내는 절 위해 정신과에 방문하라고 하면 아마 절 비난할 거예요."
"남편은 제가 약을 먹는다고 항상 절 정신병자 취급해요."

그런데 이들 중 대부분은 내 요청으로 병원을 찾는다. 그리고 가족의 치료에 시간적, 경제적 비용을 기꺼이 지불한다. 환자들의 예측이 틀린 것은 아니다. 그들의 평소 태도에 의하면 병원을 찾을 까닭이 없다. 하지만 사람은 항상 예측대로 움직이지 않는다. 서로 잘 안다고 생각하는 사이일수록 당연히 '의외성'에 대해 놓치기 쉽다.

윤아 씨는 치료를 받으며 용기를 내서 가족에게 자신의 힘든 점을 털어놓았다. 처음 내가 이런 요구를 했을 때 윤아 씨는 이미 자신이 한번 해본 일이라며 가족은 움직이지 않을 것이라고 말했다. 말해봤자 입만 아프고 자신만 더 상처받을 것이라고 말했다.

그런데 놀랍게도 가족은 변했다. 어머니는 다소 힘들지만 용기를 내서 아르바이트로 일을 나가기 시작했고 동생은 무턱대고 매달리던 공무원 시험을 그만뒀다. 이런 변화가 긍정적인지에 대한 여부는 쉽게 판단을 내릴 수 없었다. 이런 가족의 변화에 대해 윤아 씨는 마냥 기쁘지는 않다고 말했으니 말이다. 하지만 가족의 변화가 의외라고 이야기했다.

아이를 버리고 떠나려 했던 젊은 여성은 10년간 연락하지 않았던 어머니에게 용기를 내서 전화했다. 그리고 어머니와 함께 살기로 했다고 한다. 그녀는 내게 어머니가 이렇게 나올 줄 몰랐다며 의외라고 이야기했다.

혼자가 되는 것이 무서운 나
홀로서기

"어쩔 수 없죠. 약만 좀 처방해주세요."

32세, 김이나.

그녀는 3년째 동거 중인 남자친구가 있다. 그런데 언제부턴가 남자친구는 직장을 나가지 않기 시작했다. 남자친구가 하는 일은 오직 집에서 게임을 하는 것이다. 야근하고 돌아온 그녀는 남자친구를 위해 저녁을 준비한다. 이런 삶이 벌써 2년이 넘었다. 그녀는 삶이 너무 힘들어 항우울제를 복용하기 시작했다. 수면제와 함께 말이다. 하지만 남자친구는 변하지 않았다. 매일 눈물을 흘리는 그녀를 보면서도 말이다.

의존성 인격장애

의존성 인격장애. 이 장애가 있는 사람들은 자신이 의지할 대상에게 적극적으로 복종하면서 의존 관계를 유지한다. 당연히 자신이 의지하는 사람과 분리되는 것에 대한 두려움이 가득하다.

교과서에서 배운 의존성 인격장애 내용의 일부분이다. 실제 치료 현장에서 만난 이 장애가 있는 대부분의 사람은 이렇다. 보통 직장도 없었고 어떤 결정도 내리지 못한 채 모든 것을 누군가에게 맡기고 있었다. 자신이 뭔가 부족하다고 느끼며, 누군가에게 의존하는 것은 당연한 것처럼 받아들였다.

혼자 있는 것을 피하기 위해 자신이 의존하는 사람으로부터 부당한 대우를 받더라도 참았다.

하나같이 무능력하고 여린 여성. 내가 교과서에서 배운 그대로였다. 그런데 다소 의외의 사람도 있었다. 바로 이나 씨 같은 사람이었다. 이나 씨의 이야기를 듣고 대뜸 내 입에서 나온 말은 이랬다.

"대체 이런 남자를 왜 지금까지 만나는 거예요?"

그녀에겐 번듯한 직장이 있었다. 그리고 자신이 성장한 지역을 떠나 새로운 곳에 정착할 수 있는 용기도 있었다. 그런데 그녀는 혼자 있는 것을 극도로 싫어했다. 왜 그런 남자를 지금껏 만나느냐는 질문에 그녀는 자신도 모르겠다며 눈물을 흘릴 뿐이었다.

이전부터 약물을 복용하고 있었던 이나 씨에게 짧은 외래 시간 동안 내가 해줄 수 있는 것은 용기를 북돋워 주고 약물을 조금씩 줄여나가는 정도였다. 헤어지는 것이 어려우면 남자친구에게 직장을 가져보라는 권유를 해보라고 시켰다. 말은 그렇게 하겠다고 했지만, 그녀는 집에 가서 남자친구에게 별다른 말을 하지 않았다.

내가 이나 씨에게 더 헤어지라고 말을 하지 못했던 사건이 있었다. 이나 씨가 오랜만에 밝은 표정으로 병원을 찾았다. 그러며 하는 말이 요즘은 자신이 오기 전에 남자친구가 청소를 한다며 자랑하는 것이다. 그 모습을 보고 난 더 그녀에게 헤어지라고 말하면 안 되겠다고 생각했다.

데이트 폭력

내가 이나 씨를 만나고 얼마 되지 않아 새롭게 만난 환자는 '데이트 폭력'으로 인해 병원을 방문한 환자였다. 그녀는 수년 동안 남자친구에게 폭력을 당하고 있었다.

데이트 폭력으로 고통받는 여성들이 스스로 경찰에게 도움을 요청하는 것이 얼마나 힘든지 알기에 환자에게 물었다. 혹시 경찰의 도움이 필요하냐고 말이다.

지금은 오지 않지만 데이트 폭력 이후 우리 병원을 찾아 치료를 받고 결국 경찰에 신고해 회복된 환자의 사례를 이야기하며 환자에게 용기를 북돋워 주었다. 환자는 자신도 용기를 내보겠다고 이야기하며 내게 지금 자신의 상태가 어떤지 소견서를 부탁했다. 난 정성스레 소견서를 적어 나갔다. 당연히 이 소견서를 경찰서에 제출하리라 생각하며 말이다.

"소견서를 경찰서에 제출하실 거죠? 용도를 경찰서 제출용이라고 적을게요."

"아니에요. 남자친구에게 보여주려고요. 내가 얼마나 힘든지 남자친구가 좀 알았으면 좋겠어요."

난 너무 당황해서 말문이 막혔다. 그런 날 환자가 알아보고 말했다.

"원래는 좋은 사람이에요. 그리고 전 그 사람 아니면 제 옆에 있어줄 사람이 없어요. 부모님은 예전에 이혼하셨고 가끔 연락하던 어머니와도 연락하지 않은 지 오래예요. 언니는 요즘 어디 살고 있는지도 모르겠어요."

속으로 깊은 한숨만 내쉬며 환자에게 소견서를 가지고 가라고 했다.

정말 혼자인 사람과 시간이 많은 사람

내가 진료를 하는 지역은 조그만 소도시다. 하지만 이 지역은 전국에서 손꼽히는 젊은 도시다. 전국에서 젊은이들이 일자리를 찾아 이 지역으로 몰려온다. 자연스레 이런 사람들이 모인 동네가 생겼다. 다소 집값이 저렴하고 일터로 나가기 편리한 곳에 말이다.

당연히 이 동네는 문제가 많아졌다. 범죄도 자주 일어나고 자살을 하는 사람도 많다. 그리고 정신과를 찾는 이들도 많다. 진료하며 이들에 대해 아는 것이 차츰 늘어났다. 그중에 하나가 내 생각보다 정말 혼자인 사람들이 많다는 사실이다. 자의든 타의든 가족과 연을 끊고 사는 사람이 참 많았다.

이런 사람들 중엔 성장 과정을 거치며 혼자인 것이 익숙해진 사람들이 있었다. 하지만 철저한 몸부림으로 혼자인 것을 피하는 사람들도 있었다. 혼자가 되기 싫은 사람들은 끊임없이 누군가를 찾고 있었고, 큰 고민 없이 누군가와 사귀었다. 자신이 의지할 사람을 말이다.

다들 벌이가 넉넉지 않다 보니 생활비를 줄이기 위해 동거로 이어졌고 이른 나이에 결혼하는 사람도 적지 않았다. 좋은 사람을 만나 행복한 생활을 이어가는 사람도 있지만 그렇지 않은 사람도 많았다.

이들이 자신의 짝으로 찾은 사람들에게는 묘한 공통점이 있었다. 내가 보기에 하나같이 다소 무능력해 보인단 것이었다. 처음엔 우연의 일치였나 싶었다. 그런데 알고 보니 이것은 당연한 결과였다.

"이나 씨, 어떻게 그분을 만나게 되었나요?"

"술집에서 만나서 친해졌어요. 제가 퇴근하면 항상 데리러 와주고 주말에도 같이 있는 시간이 많았어요. 항상 제 옆에 있어주니 좋았죠. 그러다 보니 사귀게 되었어요."

그들이 찾은 짝들은 바로 시간이 많았다. 직업이 없다 보니 당연했다. 혼자가 되는 것이 두려운 사람들에게 원할 때 언제든 옆에 있어 줄 수 있는 사람이 그들이 찾은 짝이었다. 괜히 그들이 찾은 짝들이 미워졌다. 여자 등골을 빼 먹는 남자들이란 생각이 든 탓이다. 그러던 중에 한 남성이 찾아왔다. 그리고 정말 혼자인 사람들의 등골을 빼 먹는 데는 남녀가 따로 없다는 생각을 하게 되었다.

자신보다 두 살 연상의 여자를 만난 그는 두 개의 직업을 가지고 있었다. 낮에는 공장에서 일하고 틈틈이 대리운전을 하고 있었다. 수면 시간이 불규칙적이다 보니 불면증이 왔다. 내과에서 처방받은 수면제 하나로는 이제 소용이 없어 정신과를 찾은 것이다. 이제 갓 서른이 넘은 그에게 너무 어려서부터 수면제를 장기간 복용하는 것은 좋지 않다고 이야기하며, 야간 일을 줄여보길 권했다.

아직 자녀도 없는 부부여서, 같이 병원을 방문한 아내에게 경제적인 부분이 신경 쓰이면 맞벌이를 해보는 것이 어떻겠냐고 제안했다. 아내는 한사코 일을 거부했다. 왜 자신이 일을 해야 하냐는 것이었다.

남편이 젊다지만 주말도 없이 이렇게 장기간 두 가지 직업을 가지는 것은 건강에 좋지 않다고 아내에게 설명했다. 그리고 한 달이 흘렀다. 그는 결국 과로로 입원했다. 우연히 발견된 사실은 간이 좋지 않단 것이었다. 이제 대리운전을 그만둘 수밖에 없었다.

그런데 아내는 별거를 선택했다. 그는 아내를 되돌리기 위해 근무시간을 늘려야 했다. 야간 당직이 있는 일을 선택했다. 난 그에게 아내가 좀 너무한 것 같다고 이야기했지만 그는 어쩔 수 없다고 했다. 또 그렇게 몇 달이 지났다.

그런데 그 부부는 이혼했다. 그가 이혼을 당했단 표현이 더 맞을 것 같다. 그는 다소 날 원망하는 듯했다. 어려서부터 혼자였던 그에게 아내는 소중한 존재였다. 그는 아내를 이렇게 표현했다. 볼품없는 자신을 선택해준 고마운 사람, 외톨이인 날 선택해준 사람이 아내였다.

사랑을 받아본 경험

누군가에겐 당연한 것이 누군가에겐 특별한 것일 수 있다. IQ가 그렇다. IQ는 상대평가다. 100이 평균이다. 평균 이상의 IQ를 가진 사람은 이렇게 생각한다.

'내가 공부를 하지 않아서 그렇지 시간만 좀 더 투자하면 이것을 해낼 수 있어.'

그런데 평균 이하의 IQ를 가진 사람들은 좀 다르다. 누군가 도와주지 않으면 해낼 수 없다는 생각을 먼저 한다.

'내가 이것을 이해하긴 너무 벅차. 누군가 도와줬으면 좋겠는데.'

또 다른 한 가지를 꼽자면 내가 사랑받을 수 있는 사람이란 자신감이다. 환자들과 이야기를 주고받으며 내 입에서 가장 많이 나오는 말이 이것과 관련되어 있다.

"당신이 어때서요?"

"당신 정도면 충분해요."

"주변을 둘러보면 당신을 사랑해줄 사람이 분명히 있어요."

생각보다 많은 이들이 자신은 사랑받을 수 없다고 생각한다. 갖가지 이유를 댄다. 대부분은 첫 이유로 현재 자신이 볼품없단 이야기를 한다. 외모, 직업, 학력 등에 관해 이야기하며 말이다. 그러면서 괜히 나를 건든다. 선생님은 좋은 집안에서 자라서 지금 의사니까 자신을 이해할 수 없을 것이라고 이야기한다.

그러다 내게 조금 마음을 열면 하는 이야기들이 있다. 자신은 누군가에게 무조건적인 사랑을 받아본 경험이 없다고 말이다. 사연마다 한숨이 가득 나온다. 결손 가정. 어떤 부모도 자신을 돌보려 하지 않아 친척들 손에 맡겨진 경험. 그들 대부분 어린 나이에 독립을 강요당했다.

이런 이야기 속에서 느끼게 되는 것은 누군가에게 무조건적인 사랑을 받아본 경험의 중요함이다. 자연스레 부모가 자녀를 어떻게 키워야 하는지에 대한 책, 강연 등의 내용이 떠오른다. 그러다가도 반감이 든다.

"선생님, 제가 초등학생이 되었을 땐 어머니가 없었어요. 외할머니가 절 키우셨어요. 아버지는 얼굴도 모르고 어머니는 1년에 몇 번 보지도 못했어요."

이런 환자에게 당신이 부모님에게 사랑받지 못해 지금 이런 것이란 말은 정말 잔인한 짓이다. 하지만 안타까운 사실은 환자는 이미 수도 없이 이런 생각을 했단 것이다. 그리고 누군가에게 매달려 본 경험도 있다. 그리고 그들이 결론 내린 삶의 방향은 이렇다. 필사적으로 혼자 힘으로 버티든지, 누군가에게 처절하게 매달리든지 말이다.

표현하기 연습

내게 일만 강요하는 여성, 데이트 폭력을 가하는 남성. 이런 사람을 연인으로 둔 이들에게 힘들더라도 단호하게 한번에 차단하라고 요구한다. 내 앞에선 알겠다고 말하며 돌아가지만 차단되는 것은 번번이 나였다. 어쩌면 이 병원이 마지막 끈이라 생각하고 찾아왔을 텐데 나마저 그들을 내치고 있단 생각이 들었다.

그래서 한동안 그들에게 헤어지라 말하지 않았다.

그런데 정말 위험한 남성을 만나고 있는 의존성 인격장애 환자가 찾아왔다. 정말 막장 드라마에서나 볼 법한 일들을 당하고 있는 그녀에게 매번 헤어지라고 당부했다. 너무 위험하다고 판단했기 때문이다. 만약 그녀의 안전망이 되어 줄 부모가 있었다면 전화라도 해주고 싶었다. 한 해가 끝나갈 무렵, 드디어 그녀는 한번 용기를 내보겠다고 말했다. 그리고 그게 그녀의 마지막 모습이었다. 이번에도 차단되는 것은 나였다.

생각해보면 의존성 인격장애를 가진 이들은 헤어져도 곧 이런 사람들을 어딘가에서 구한다. 그들은 혼자 있는 것을 참지 못하기에 헤어지면 마음이 급하다. 그들이 다시 찾은 사람 또한 별반 다르지 않은 경우가 많은 이유다. 아주 운이 좋았다면 모를까, 그들은 또다시 눈물을 흘리게 된다.

언제부턴가 난 이들에게 오늘 저녁으로 뭘 먹고 싶은질 묻는다.

"저녁에 뭐 먹을 거예요?"

"잘 모르겠어요. 아무 거나 먹죠."

"오늘 돈가스는 어때요? ○○식당이 맛있어요. 남자친구에게 한번 같이 가보자고 이야기해보세요."

이들은 뭔가 선택하는 것이 불편하다. 그래서 자신이 가고 싶은 식당, 먹고 싶은 음식에 대해 이야기하지 않는다. 늘 상대방이 하자는 대로 하는 것이다. 슬쩍 환자에게 내가 좋아하는 음식을 말해주기도 하고, 우리 병원을 이용하는 환자들이 운영하는 식당을 권해주기도 한다.

그러면서 상대방에게 동의를 구하지 말고 오늘 이 음식이 먹고 싶으니 이 식당을 가자고 이야기해보라고 권한다. 머뭇거리는 환자도 있지만 이 정도는 자신도 할 수 있다며 웃으며 진료실을 나간다.

짧은 외래 시간. 그들에게 내가 해 줄 수 있는 것은 많이 없다. 아무런 말이라도 좋으니 1분간만 혼자서 이야기 해보라고 한다. 주제가 정해지면 추임새는 내가 넣을 테니 자기 생각을 마음껏 펼쳐보라 주문한다. 그리고 마지막은 항상 지금 기분이 어떤지 표현하게 한다.

이것으로 모든 것이 해결되진 않겠지만 이게 변화의 시작이 되었으면 하는 바람을 가득 담아서 그들을 칭찬한다.

"선생님, 사람이 쉽게 바뀌나요. 원래 성격대로 살아야죠. 제가 이렇게 생겨먹은 것을 누굴 탓하겠어요."

자신이 기대한 만큼 치료 효과가 없을 때 환자들이 간간이 이런 말을 한다. 이 말을 들을 때면 정신과 치료를 받는 환자들이 참 마음이 따뜻하단 생각이 든다. 기대만큼 치료를 못해준 날 배려한 표현이란 생각이 들어서다.

"생긴대로만 살면 너무 재미없잖아요. 흰 옷이 잘 어울린다며 의사가 되면 좋겠다고 한 여자친구의 말에 여기 이 자리에 앉아 있는 저도 있는걸요. 누구나 혼자가 되는 것은 무섭죠. 그래도 지금 이곳이 당신이 바뀌는 시작이 될지도 모르는 거잖아요."

이제 그만하고 싶습니다
이혼 그리고 동거

"저는 이제 어떻게 해야 할까요?"

37세, 박지나.

결혼 10년 차. 아이는 둘. 5년 전 남편은 잘 다니던 직장을 그만 두고 사업을 하겠다고 했다. 자리잡는 데 몇 년이 걸린다던 남편 의 사업은 생각보다 순조로웠다. 그런데 1년이 지나자 사업으로 인해 집을 팔아야 했다. 그리고 아내에게 친정에서 돈을 좀 빌리 라고 요구했다. 만취 상태로 집에 들어오는 일이 잦아진 남편. 사 업은 3년 전에 접었다. 지나 씨는 아이가 크자 일을 나갔다. 이제 좀 안정을 찾나 싶었는데 남편은 다시 사업을 시작하겠다고 한 다. 지나 씨는 반대했고, 부부는 이후 이혼을 선택했다.

이혼을 말하기에 앞서 결혼

사회 현상에 조금만 관심이 있어도 알 수 있는 한국 사회의 가장 깊은 시름이 있다. 요즘 젊은 사람들이 결혼하지 않는다는 사실이다. 당연히 출생률이 현저하게 줄어서 미래가 걱정되는 대한민국이다.

젊은 사람을 상대로 결혼 가치관에 관해 물어보면 놀라운 사실에 직면하게 된다. 20대 청년 중 결혼할 의향이 없다고 대답한 사람이 절반에 가깝다. 그런데 왜 결혼할 의향이 없는지 물어보면 남녀의 차이가 흥미롭다. 여성의 경우 양성 불평등이 싫다는 이유와 혼자 사는 것이 행복하다는 비슷한 의견들이 나온다. 그런데 남성의 경우 혼자 사는 것이 행복하다는 의견이 압도적이다.

외로움을 많이 타거나, 누군가와 같이 있으면 훨씬 안정적인 삶을 살아갈 듯한 젊은 남성들에게 결혼을 권하는 경우가 있다. 그러면 남성들은 대부분 이렇게 말한다.

"그 귀찮은 것을 왜 해요. 혼자 사는 것이 속 편하고 좋아요"
"결혼하면 훨씬 안정적인 삶을 살 수 있을 듯한데요?"
"몇 번을 생각해도 혼자 사는 것이 좋아요."

물론 결혼하고 싶어도 능력이 없어서 못한다는 사람도 많다. 하지만 남성의 경우 결혼 자체에 대한 거부감이 확실하다. 그런데 여성들에게 물으면 사뭇 다르다.

　"전 결혼 생각이 없어요."
　"결혼하면 훨씬 안정적인 삶을 살 수 있을 것 같은데 왜 그러시죠?"
　"선생님, 주변에 결혼할 만한 좋은 사람이 없어요."

　그녀들은 자신을 존중해 줄 수 있는 괜찮은 남자를 만나면 결혼할 수 있다고 말한다. 결혼할 의향이 없다고 대답하더라도 가정적인 남자, 능력 있는 남자가 있다면 얼마든지 돌아선다. 한결같이 하는 말은 주변에 좋은 사람이 없단 것이다.

　"저런 남자와 결혼할 바에는 그냥 혼자 사는 것이 행복해요."

　여성들은 이런 생각에 결혼을 포기한다.

또 하나의 문화 현상, 동거

2019년. 동거해도 괜찮다는 비율이 절반을 넘어섰다. 더 이상 동거문화가 일부 서구권 나라들만의 문화가 아니게 된 것이다. 진료를 보면서 실감하고 있다.

아무래도 정신과다 보니 환자는 치료에 도움이 될 거란 생각에 동거하는 사실을 숨기지 않는다. 그런데 이 비율이 내가 놀랄 정도다. 그러다 보니 요즘은 부모님과 같이 살고 있지 않은 젊은 남녀가 병원을 찾으면 으레 물어보게 된다. 동거하는 상대가 있는지 말이다.

결혼은 너무 삶을 구속하니 좀 더 구속이 덜한 관계로 시작해보고자 하는 것이 동거다. 그런데 동거라는 문화가 이렇게 빠른 속도로 늘어날지 몰랐던 탓인지, 문화적 저항 때문인지 여러 분야에서 이에 대한 대비가 부족한 것이 현실이다.

최근 들어 뉴스에서 부쩍 자주 들리는 소식이 있다. 동거하는 여성이 다른 남성을 만난단 사실을 알고 폭력을 가했던 이야기다. 이런 사회적 분위기를 빨리 감지하게 되는 것이 바로 정신과 진료실이다.

35세, 최영희.

새로 들어간 직장에서 좋은 남자를 만났다. 성실하고 자기 관리도 잘하는 남자였다. 친구에게 부탁해 만났고, 사귄 지 두 달만에 동거를 시작했다.

자신이 먼저 좋아했고 동거도 자신이 제안한 것이었다. 결혼하고 싶은 남자였지만 이미 한 번의 실패를 경험한 영희 씨는 두번 다시 결혼하지 않겠노라고 다짐한 상태였다.

동거를 시작한 후 놀라운 반전이 일어났다. 영희 씨가 직장을 나가지 못하도록 하는 것이었다. 외출도 자유롭게 하지 못하도록 막았다. 너무 답답해 몰래 집을 빠져나와 친구들에게 연락해 호프집에 갔다. 그 사실을 알게 된 동거남은 영희 씨를 감금하려 했다. 몸싸움 끝에 경찰에 신고한 영희 씨는 간신히 동거에서 벗어날 수 있었다.

영희 씨에게 물었다.

"아니, 이상한 남자다 싶었으면 바로 나왔어야죠. 결혼도 안 했는데 왜 그 집에 계속 있었어요?"

그런데 예상치 못한 답이 나왔다. 전세금 문제로 2년은 꼼짝없이 같이 지냈어야 한다는 이야기였다. 크게 구속받고 싶지 않아서 동거로 시작했는데 뜻하지 않게 강한 구속을 당하는 사람들이 의외로 많았다.

헤어지자고 했음에도 짐을 빼지 않아서 몰래 이사를 하려 한다는 사람, 채무관계로 해결 전까지 헤어지기 어렵다는 이야기는 이미 끝난 동거의 고통 중 괜찮은 편에 속한다.

헤어지자고 했다가 보복의 두려움으로 이러지도 저러지도 못한다는 여성, 이별을 통보하면 손목을 그어버려 죄책감에 그냥 같이 살고 있다는 남성 등 소름 끼치는 삶을 사는 사람도 있었다.

듣다 보면 이게 동거의 문제인지 아니면 그냥 일반적인 연인들에게 발생할 수 있는 문제인지 분간이 되지 않았다. 하지만 법적 구속력이 없다 보니 제도의 도움을 받을 수 없는 탓에 더 곤란해진다는 사실은 부인할 수 없을 듯하다.

하지만 요즘 청년들에게 동거는 나쁜 것이니 앞으로는 절대 하지 말란 이야기는 너무 꼰대 같은 이야기가 되어버렸다. 결혼과는 또 다른 사회적 문제로 인식하고 접근해야 하지만 제도의 변화는 빨리 오지 않는다.

동거에 임하는 우리의 자세

'결혼하려면 오래 만나선 안 된다.'
'아무것도 모를 때 만나서 얼른 결혼해야 한다.'
'결국 맞춰서 사는 것이다.'

　여전히 이런 말이 먹히는 나라가 우리나라다. 놀라지 마시라. 아직도 첫 만남에서 결혼까지 기간은 평균적으로 1년이 채 되지 않는다. 그리고 한쪽에선 동거라는 흐름이 존재한다. 결혼할 의사를 가지고 일단 살아보고 결정하자는 신중한 커플도 있겠지만 그 외 다양한 이유로 동거를 선택하는 커플이 훨씬 많다. 어찌 되었든 결혼은 선택이고, 결혼하지 않더라도 같이 살 수 있다고 생각하는 사람이 절반을 넘은 것이다.
　동거를 원하는 이들에게 확실하게 말하고 싶은 것이 있다. 당신이 언젠가는 이 말을 꼭 할 수 있을 때 동거를 시작하라고 말이다.

　"이제 그만하고 싶습니다."

상대방을 앞에 놓고 이 말을 할 용기가 없는 사람에게 동거는 추천하지 않는다. 분명히 이런 말이 힘든 사람들이 있다. 헤어지자는 말을 하지 못하고 잠적을 하거나, 카톡으로 이별장을 날리거나 말이다. 가끔은 성의가 없는 사람도 있겠지만 이런 사람들의 상당수는 얼굴을 보고 말을 할 용기가 없는 사람들이다. 그런 사람에게 동거는 아니다. 동거는 법적인 구속력이 없기에 보호받을 수도 없다. 적어도 지금까진 말이다.

그렇다고 늘 헤어질 준비를 하고 동거를 하기엔 너무 슬픈 일이다. 가구를 하나 사면서 헤어질 땐 누가 가져갈지 고민할 정도면 동거는 의미가 없지 않을까.

결국 사회 제도가 바뀔 것이다. 이런 흐름이라면 가족 유형에 따른 차별 금지법이 생길 것이고, 동거도 가족을 이루는 새로운 형태로 받아들여질 것이다. 동거 커플이 낳은 자녀도 제도의 혜택을 받게 될 것이다. 그렇지 않으면 줄어드는 출산율을 감당할 수 없기에 나이가 많은 보수적 성향을 지닌 이들의 반대에도 불구하고 결국 사회는 동거를 허락할 가능성이 훨씬 높다.

그래서 결국은 떳떳이 동거를 하고 있다고 말하게 될 것이다. 그리고 그런 자녀를 둔 부모도 그들의 삶을 인정하게 될 것이다. 부모가 반대할 것이 뻔하기에 숨기고 하는 동거는 가장 위험한 게임이다. 이런 게임에 자녀를 몰아넣는 어리석은 짓은 이제 하지 말아야 한다.

성인이 되어도 여전히 소중한 자식이다. 그렇지만 그들을 성인으로 받아들이지 않는, 아직은 제대로 결정할 수 없을 것이라고 믿는, 그래서 아직은 내가 돌봐야 한다는 생각에서 부모는 벗어나야 한다. 젊은 세대 쪽에선 빠르게 변하고 있다. 이미 '우리 부모의 노후는 본인, 혹은 국가가 책임져야 한다'고 생각하는 세대들이다.

그리고 이혼

한국 남녀가 대답한 이혼하는 이유 중 가장 높은 것은 성격 차이다. 그런데 여기서 말하는 '성격'은 사전적 범위를 훨씬 벗어나는 것 같다.

매달 1,000만 원을 버는 남편이 있다. 그런데 이 남편은 통장을 자신이 관리한다. 아내에게 주는 돈은 품위 유지비로 매달 200만 원이다. 자가 집 소유, 아직 자식도 없고, 관리비, 생활비는 모두 남편의 카드로 계산한다. 그래서 남편은 200만 원이 충분하다고 말한다. 그런데 아내는 200만 원이 턱없이 부족하다고 생각했다. 그래서 남편과 이혼했다.

아내는 생활비로 매달 700만 원을 사용한다. 통장도 아내가 관리하고 있다. 그런데 아내는 월급이 너무 적다고 투덜댄다. 아이 둘을 어떻게 이 돈으로 키우냐며 능력 없는 남편이라고 핀잔을 준다.

아내가 엉뚱한 곳에 지출하는 것은 아니다. 맘에 들지 않는 것은 아이들 교육비로 너무 많은 돈을 지출한다는 사실이다. 그래서 아내에게 교육비를 좀 줄이자고 했다. 아내는 당신이 아버지가 맞냐며 따져 들었다. 이것이 문제가 되어 그들은 이혼했다.

두 경우 모두 돈이 문제였지만 이혼 사유는 성격 차이다. 이혼 사유에서 경제적 사유에 드는 것은 가난, 빚으로 인한 이혼이다. 아내 또는 남편의 낭비벽, 생활비 지급의 견해 차이, 부모님 용돈 문제 등 모두 성격 차이에 속한다. 그래서 난 이러한 문제를 '성격 차이'보단 '가치관의 차이'로 용어를 바꿨으면 좋겠다고 생각한다. 생활비에 대한 가치관의 차이. 자녀 교육에 대한 가치관의 차이. 이렇게 말이다.

이혼의 사유가 어찌 되었든 결혼을 한 사람이면 누구나 한 번쯤 해보는 생각. 바로 '만약 내가 이혼을 한다면'이다. 정신과 의사란 직업 탓에 수많은 사람의 이혼을 접하고 이혼에 관한 생각을 듣게 된다. 그래서 요즘은 정말 이혼을 많이 한다고 생각했는데, 알고 보니 2015년 이후 우리나라에서의 이혼 건수는 큰 변함이 없었다. 자세하게 들여다보면 완만한 하강 추세였다. 생각해 보면 당연하다. 혼인 건수가 이렇게 가파르게 줄어들고 있으니 말이다.

주변에서 누군가 이혼했단 소식을 들으면 사람들은 수군거리게 된다.

"걔 작년에 이혼했대."
"정말? 어쩌다가?"

이런 수군거림에는 상대방의 아픔에 대한 동정과 함께 타인의 아픔을 보면서 은근히 느껴지는 희열과 나는 그런 일을 당하지 않았다는 안도감이 섞여 있다. 만약 아이가 있으면 한마디 더 보탠다.

"아이는 누가 키우기로 했다니?"
"이제 초등학교 1학년인데, 불쌍해서 어떡하니?"

이혼을 생각하는 많은 이들이 내 아이에게 '편부모 가정'이란 타이틀을 주는 것에 대해 죄책감을 느낀다. 내가 희생해서라도 이 타이틀을 내 아이에게 줄 수 없다고 다짐한다.

'원래 결혼이란 것이 힘든 거잖아. 내가 조금만 희생하면 다 괜찮잖아. 아이를 생각해야지.'

나도 마찬가지다. 진료실에서 누군가 이혼을 생각하고 있다고 하면 자녀가 있는지 다시 확인하게 된다. 나도 자녀를 둔 아버지이기에 이것이 가장 걸린다. 특히 여성이라면 자녀와 함께 살아나갈 경제적 능력이 있는지 확인하게 된다. 능력이 없어 보이면 넌지시 이혼을 말린다. 이혼에 대한 환상을 갖지 말라고 말이다.

"결국은 반반이죠. 이혼에 대한 후회가 없다고 생각하는 반과 이혼에 대한 후회로 가득한 반."

최근 흥미로운 사실을 경험했다. 보수적인 부모님에겐 이혼에 대한 이야기조차 꺼내기 힘든 것이 아직 우리나라의 현실이다. 다소 개방적인 부모라고 할지라도 일단 참으라고 이야기한다.

그리고 이혼하면 얼마나 힘든지에 대한 긴 설교가 시작된다. 그런데 내가 그렇듯 그들도 대부분 경험하지 않은 주변에서 주워들은 이야기들이다.

"선생님, 저희 부모님도 이혼해서 잘 알아요."

이혼은 현실이란 이야기를 했을 때 한 여자 환자가 내게 한 말이다. 처음 이 말을 들었을 때 편부모 가정에서 자란 자녀들이 확실히 이혼을 쉽게 생각한다는 사회적 통념이 떠올랐다. 그들의 성장 과정에서 '이혼'이란 현실에 대해 이미 익숙해져 있기에 다른 이들보다 훨씬 쉽게 이혼을 결정한다 싶었다. 그런데 여기에 한 가지 이유가 더 있었다.

"어머니가 어떻게 절 키워왔는지 누구보다 제가 잘 알아요. 이번에도 이혼을 결정하면서 어머니와 많이 이야기했어요. 속상해하시죠. 제가 아이를 키울 거라 당분간 좀 힘들 것 같아요. 그런데 좋은 사람이 나타나면 다시 결혼하려고요."

이혼에 대해 상의했을 때 좀더 현실적인 조언을 해줄 수 있는 사람이 있었단 사실이다. 이혼하기로 한 여성이 이렇게 이야기하니 씁쓸한 마음이 들었지만 한편으론 마음이 놓였다. 그들의 부모가 나보다 훨씬 현실적인 조언을 해줬을 거란 생각에서다.

이제 어떻게 해야 하냐는 지나 씨의 절망 섞인 물음에 난 종이 한 장을 건넨다. 그리고 자신의 결혼 생활을 쭉 한번 적어보라고 한다. 이혼 뒤의 삶에 대해 적어보라고 권하면 아무것도 적지 못하는 경우가 많다. 너무 두려운 마음이 커서 차마 펜을 들지 못하는 것이다. 그런데 결혼 생활의 시작부터 적으라고 하면 의외로 쉽게 글이 써진다.

"그 사람을 어떻게 만났고 왜 결혼할 마음이 생겼는지부터 한번 시작해보죠."

글을 적다 보면 많은 생각이 든다. 정상적인 지능을 가지고 있다면 자연스레 이런 생각들이 떠오르는 것이다.

'이때 내가 이런 선택을 했다면 더 좋았을걸.'
'다시 기회가 생긴다면 이럴 때 좀 다르게 행동해보자.'

인간이 가지고 있는 신기한 능력 중 하나다. 환자 중엔 다시 한 번 살아보겠다는 사람도 있었고, 이혼하기로 더욱 단단히 마음먹는 사람도 있었다. 어떤 결정을 하든 이 과제 중에 자신이 한 생각들을 잘 정리해놓으라고 한다. 앞으로 당신의 삶에 가장 중요한 것들이 될 수도 있을 것이라는 말과 함께 말이다.

행복을 주는 삶
자살을 생각하는 사람

"선생님, 이제 그만 살고 싶어요."

67세, 김신임.

그녀는 기억력이 떨어졌다는 이유로 병원을 방문했다. 치매가 걱정되었기 때문이다. 하지만 그녀의 병은 '우울증'이었다. 퇴직한 남편과 함께 40평대 집에서 편안하게 살던 그녀. 자식은 미국 유명대학교에서 교수로 일하고 있다. 그녀의 우울증은 남편의 건강이 악화하며 시작되었다. 심장이 좋지 않은 남편. 자연스레 외출이 줄어들었고 이따금 남편의 지친 모습을 옆에서 가만히 지켜봐야 했다. 자랑스러운 아들은 1년에 한 번 보기도 힘들다. 그녀는 이런 삶이 버거워 남편과 함께 그냥 죽고 싶다고 이야기했다.

이민을 선택한 아들을 둔 부모

"선생님은 절대로 자녀를 외국에 보내지 마세요."

그녀가 노후를 행복하게 보내기 위해선 꼭 이렇게 하라고 내게 권유했다. 대기업 상무까지 지낸 남편, 공부 잘 하는 아들을 둔 그녀의 중년은 너무 행복했다고 한다.

그녀의 아들은 국내 명문대학교를 졸업하고 외국 유명 대학원으로 진학, 박사학위를 받고 그곳에서 만난 여성과 결혼해 교수로 일하고 있다.

"자랑스러운 아들이죠. 그런데 아무 필요가 없어요. 아버지가 저렇게 아파도 얼굴 한 번 보기 어려워요. 누구나 존경하는 직업이지만 한국에 자주 올 정도로 경제적, 시간적 여유가 있는 것은 아니에요. 아들도 가정을 돌보려면 한국에 오는 것이 쉽지 않답니다. 그 녀석 월급으로는 한국에 오는 비행기 티켓 값도 부담스러울 거예요."

신임 씨가 한 말은 생각보다 오래 마음에 남았다. 그래서 가족력을 조사할 때, 가족 중 해외에서 생활하는 분이 있는지 종종 묻게 된다. 의외로 자녀들이 해외에서 생활하는 경우가 많다. 그런 분들은 대부분 신임 씨와 같은 반응이다. 자녀를 해외에 보낸 부모들의 안타까움은 시간이 흐를수록 커가는 법이다.

이런 이야기를 주고받다 우연히 부모를 모시고 진료실에 들어온 자녀의 표정이 눈에 들어왔다. 왠지 시무룩하고 지쳐 있는 표정이다.

"힘들지 않으세요?"란 물음에 대부분 어쩔 수 없다며 묵묵히 자신의 처지를 받아들이고 있었다. 물론 자신에게 모든 것을 맡기고 이민을 선택한 형제자매를 원망하지만 말이다.

많진 않지만, 가끔 해외에 거주하는 젊은 청년들이 병원을 찾는다. 국내에 들어왔는데 잠을 제대로 자지 못해 병원을 방문하는 경우가 많다.

그럼 으레 왜 해외에 나갔는지 물어본다. 그들은 '자신이 좋아하는 일을 찾아서' '생계 문제로 어쩔 수 없어서' 등 다양한 이유를 댄다. 그들에게 혹시 남아 있는 가족이 걱정되지 않는지 물어보면 하나같이 걱정되지만 어쩔 수 없다고 이야기한다.

모든 사람은 '행복'을 추구하며 살아간다. 자신의 꿈을 위해 이민을 선택하는 사람은 그것이 가장 행복한 길이라 생각하기 때문이다.

자신의 꿈보다 부모를 돌보는 것을 선택한 사람도 마찬가지다. 그렇게 하는 것이 결국은 자신을 더 행복하게 하기 때문이다. 만약 그들이 이민을 하면 부모 걱정에 맘이 편치 않을 것이고 결국에는 자신을 불행하게 만든다.

정신과 의사로 일하며 사람들이 삶의 방향을 결정하는 데 생각보다 다른 이들의 행복에 더 신경을 쓴단 사실을 알았다. 많은 어머니가 자녀의 행복을 위해 폭력적인 남편과 이혼하지 않는다. 자신의 건강을 돌보지 않고 아내와 자녀를 위해 애쓰는 아버지도 많다. 그들은 하나같이 현재 자신의 삶에 대해 만족하지 못하며 행복하지 않다고 말한다.

그런데 그들이 이혼하지 않고 묵묵히 살아가는 이유는 명확하다. 그렇게 하지 않으면 내가 소중하게 생각하는 사람이 불행해질 것이고, 그것은 결국 자신을 불행하게 할 것이라는 것을 알기 때문이다.

누구의 행복이 더 소중한가요?

환자들에게 자주 묻는 말이 있다.

"행복하세요?"

이렇게 질문을 던져놓고 가장 먼저 눈여겨보는 것은 대답하기까지 걸리는 시간이다. "그냥 그래요"라고 이야기하는 사람들은 대체로 답이 오래 걸리지 않는다. 하지만 "불행해요" "네. 행복해요"라고 이야기하기까진 꽤 시간이 걸리기 마련이다. 그들이 왜 그렇게 생각하는지 적어도 한 가지 정도는 이유를 생각해야 하기 때문이다.

다음으로 나는 그들의 표정을 살핀다. "불행해요"라고 이야기하지 않는 한 보통 미소를 짓기 마련이다. 가끔 "그냥 그래요"라고 말하며 표정이 어두워지는 분들도 있다. 그들에겐 자신의 표정을 확인시킨다.

"그런데 왜 표정이 어두워지죠?"

그럼 그들은 요즘 힘들다는 이야기를 내게 털어놓는다. 역시 말보단 행동을 숨기는 것이 어려운 법이다. "그냥 그래요" "불행해요"라고 말하는 환자에게 다시 묻는다.

"그럼 어떤 조건을 만족하면 행복해지나요?"

다시 생각하기 시작한다. "돈이 많아야죠." 가장 일반적인 대답이다. 그들에게 묻는다.

"돈이 주는 안정감이 좋은 거예요. 아니면 돈으로 뭔가 다른 것을 하고 싶은 것이 있나요?"

대답이 나뉘기 시작한다. 일반적인 사람들에겐 돈이 주는 안정감보단 지금 내가 그 돈으로 하고 싶은 것이 있기 마련이다. 이때부터 사람들은 다소 흔들리기 시작한다. 그들이 돈을 가지고 하고 싶은 것들이 생각보다 보잘것없다는 것을 깨닫기 때문이다.

앵거스 디턴(Angus Deaton) 프린스턴대학교 교수는 2010년 돈과 행복의 상관관계에 대해 연구를 하고 논문을 발표했다. 요약하면 이렇다. 2008~2009년 미국 전역 45만 명을 대상으로 한 갤럽 설문조사를 토대로 '소득이 높아질수록 삶에 대한 만족도는 계속 높아지지만 행복감은 연봉 7만 5,000달러에서 멈춘다'는 것이다.

10년 전 연구 결과라 액수는 지금과 다를 수 있다. 하지만 이 연구의 핵심은 일정 연봉 이상이 되면 소득이 높아진다고 해서 더 행복해지진 않는다는 것에 있다. 이 논문이 발표된 후 어떤 회사는 직원들의 연봉을 7만 5,000달러 이상으로 일시에 상향 조정하는 등 이래저래 많은 반향을 불러 일으켰다. 사실 크게 새로운 내용도 아니다. 많은 이들이 이야기한다. 어느 정도 돈이 생기면 돈이 주는 행복감은 크지 않다고 말이다.

어린 시절 여자친구 어머니께서 내게 한 말이 있다.

"돈은 있다가도 없고, 없다가도 생겨. 크게 걱정하지 마."

당시 난 그냥 잘사는 사람들이 배불러 하는 말이라 생각했다. 레지던트 시절, 교수님께서 내게 월급이 얼마냐고 물었다.

"200만 원이 조금 넘습니다."

"내가 200만 원 벌 때보다 지금 바뀐 건 많지 않아. 그냥 소고기를 먹으러 갈 때 좀 편해."

당시 교수님의 월급이 정확히 얼마인지 모르겠다. 이 말이 너무 인상적이어서 그런지 다른 말씀은 지금 생각나지 않는다. 왜 교수님께서 내게 이런 말을 했는지도 모르겠다. 확실한 것은 그때도 내 생각은 똑같았다. 아내도 의사인 교수님이 배불러 하는 말이라 생각했다.

세월이 많이 흘렀다. 살면서 사기도 크게 당해 봤다. 지금은 병원이 자리를 잡아 월수입이 적지 않다. 지금 생각해 보니 있다가도 없고 없다가도 생기는 것이 돈이었다. 그리고 레지던트 시절과 지금을 비교하면, 가장 큰 차이는 외식할 때 크게 부담이 되지 않는다는 것. 딱 그 정도다. 여자친구 어머니, 교수님의 이야기가 맞았다. 물론 내가 아직 어려 이런 생각을 할 수 있겠지만, 돈이 내게 충분한 행복을 가져다주지 않을 것이란 믿음은 앞으로도 변함없을 것 같다.

환자들과 이야기를 이어가다 보면 결국은 이렇다. 과연 내게 어떤 것이 충족되어야 행복한지 아직은 모르겠다고 답한다. 그러면 난 이것을 찾는 과정이 어쩌면 삶을 살아가는 과정일지도 모르겠다고 답한다. 그리고 꼭 한번 생각해보라고 하는 과제를 내준다.

"누구나 자신의 행복을 위해 살아간다고 생각해요. 그런데 그 행복이 자신에게 향해 있는지, 다른 사람에게 향해 있는지는 한번 생각해보세요."

이 글을 읽는 여러분도 한번 생각해보기 바란다. 모두 자신의 행복을 위해 살아간다고 생각하지만 실제로 삶을 들여다보면 아닌 경우가 더 많다.

"어머님, 이제 자식들 뒷바라지는 그만하시고, 본인 삶도 챙기세요."
"선생님, 절 위해 근사한 옷 한 벌 사는 것보다 제 아들이 멋있는 옷을 입는 것이 훨씬 행복해요. 그래서 이러는 겁니다."

"회사에서 그런 혜택을 주는 데 왜 해외로 나가지 않으세요. 쉽게 오는 기회가 아니잖아요."

"우리 가족만 생각하면 그렇죠. 그런데 저희 부모님이 걸려서 안 돼요. 지금도 손주들이 보고 싶어 저러시는데 미국에 가면 솔직히 1년에 한 번도 어렵잖아요. 부모님이 슬퍼하시면 제가 힘들 것 같아요."

"아버지, 남편으로서 삶도 중요하지만 자신도 챙기셔야죠."
"아내가 하자는 대로 하는 것이 더 편해요. 바둑 두는 것을 좋아했는데 아내가 싫어해요. 그만둔 지 10년이 넘어가네요."

자신의 행복보다 자녀의 행복을 더 중요하게 생각하는 부모. 자신의 가족보다 부모의 삶을 더 중요하게 생각해 배우자와 갈등을 빚는 자녀. 배우자의 삶에 자신을 맞추는 것이 가정의 평화를 지키는 길이라 생각하는 남편과 아내.

과연 나는 어떤 사람인지 스스로 답해보기 바란다.

"여러분들은 자신의 행복이 무엇보다 중요합니까? 아니면 내 주변 사람이 행복해야 나도 행복해지는 사람입니까?"

나는 행복을 주는 사람

"선생님, 전 주는 것이 좋은 사람입니다. 그런데 그것도 제가 힘이 있어야 주는 거죠. 제 힘부터 키워야 하는 것 아닐까요? 선생님은 지금 힘이 있으니 그런 말을 할 수 있는 거예요. 전 힘부터 키워야 합니다."

간혹 행복에 관한 긴 물음 끝에 자신의 처지를 비관하는 사람들이 있다. 그들은 현재 자신이 너무 나약하기 때문에 누구를 행복하게 해줄 힘이 없다고 이야기한다.

2013년 애덤 그랜트(Adam Grant)는 그의 저서 『기브 앤 테이크』에서 사람이 일하는 방식에 따라 세 가지 유형, 기버(giver), 테이커(taker), 매처(matcher)로 나눴다.

기버는 받는 것보다 주기를 좋아하는 사람, 테이커는 준 것보다 많이 받기를 원하는 사람, 매처는 받은 만큼 돌려주는 사람이다. 그는 성공의 사다리에서 맨 아래를 차지하는 유형은 기버라고 이야기했다. 그런데 흥미로운 사실은 성공의 사다리에서 꼭대기를 차지하는 유형도 기버였다는 것이다. 그는 양보하고, 배려하고, 베풀고, 희생하고, 조건 없이 주는 사람이 성공의 꼭대기에 올라갈 수 있다고 말했다.

여기서 두 가지 의문이 생긴다.

성공의 사다리에서 꼭대기를 차지한 기버와 테이커, 매처의 차이는 무엇일까?

성공을 거둔 기버는 자신이 하는 일이 나뿐 아니라 타인에게도 얼마나 이로운지에 대해 깊은 관심을 가지고 행동한다는 것이었다.

성공의 사다리에서 꼭대기를 차지한 기버와 맨 아래를 차지한 기버는 어떻게 다른 것일까? 성공을 거둔 기버는 야심가였다. 그들은 테이커, 매처 못지않게 자신의 이익을 도모하는 데도 적극적인 사람이었다는 것이다.

개원을 결정했을 때 앞이 막막했다. 대학병원 밖에서 월급 한 번 받아본 적 없어 개인병원이 어떻게 돌아가는지 전혀 몰랐다. 무작정 교수님께 제 결심을 말씀드리고 개원일을 결정했다. 지금 생각해 보면 정말 무모한 짓이었다. 간판도 달지 못하고 병원 문을 열었으니 말이다.

하지만 난 운이 좋은 사람이었다. 개원에 대해 아무것도 모르는 날 그냥 도와주려는 선생님들이 계셨다. 외래 참관도 허락하시고, 자신만의 진료비결, 그리고 삶의 가치관까지 서슴없이 가르쳐주셨다. 심지어 맛난 음식도 사 주시고, 자신의 병원에 있는 자료며 병원 물품이며 가져가라고 주시는 분도 있었다. 도움을 받으면서도 속으로 생각했다.

'왜 이렇게 친절하지. 교수님이 한말씀 하셨나?'

돌이켜보니 이들이 '꼭대기에 있는 기버'였다.

"보통 자신이 가지고 있는 것을 숨기는 사람일수록 가진 것이 별로 없는 사람이에요. 진료도 똑같아요. 세상이 달라졌는데 너무 폐쇄적인 의사들이 있어요. 그런 사람들은 대부분 가진 것이 별로 없어요. 제가 알고 있는 것을 빨리 다른 사람에게 알려주는 것이 좋다고 생각해요. 그래야 저도 긴장해서 새로운 지식을 익히거든요."

최근 읽은 책 머리글에 이런 내용이 적혀 있었다. '중요한 정보를 공유하는 것에 대한 싫음.' 의사로서 충분히 공감되었다. 하지만 꼭대기에 있는 기버는 주면서 자신의 발전을 위해 노력하고 있었다. 최근 그들의 모습을 보면 이전과 전혀 다른 모습이다. 최근 발표된 논문, 약물, 서적에 관해 이야기하고 자신의 진료에 이미 적용하고 있었다. 자신이 환자를 진료하며 알게 된 다양한 진료기법을 아낌없이 털어놓는다. 적어도 내 분야에서 수많은 의사 선생님들은 기꺼이 이렇게 행동한다. 이 덕에 후배 의사들이 성장하고 환자들은 목숨을 지킬 수 있다.

개원 초기. 진료를 받고 나간 환자가 한 젊은 남자와 함께 다시 병원을 찾았다. 알고 보니 집을 찾지 못하고 헤매는 모습을 보고 청년이 다시 우리 병원으로 데려온 것이었다. 치매 환자였다. 환자는 갑자기 지남력의 상실로 병원 앞에서 헤매고 있었던 것이다. 청년은 환자에게 집을 물어도 대답을 못 해서 난감했는데 약 봉투를 가지고 있길래 그것을 보고 이 병원으로 데려왔다고 했다. 보호자에게 잘 안내하겠다고 말씀드리고 돌려보냈는데 그분의 표정이 너무 밝았다.

가끔 환자들이 뜬금없이 고맙다는 말을 한다.

"선생님이 한 달 전에 제게 하신 말씀이 너무 큰 도움이 되었어요."

난 솔직히 말한다.

"한 달 전에 제가 뭐라고 했죠?"

환자마다 다양한 내용을 쏟아놓는다. 그런데 그들의 마음을 움직인 말들엔 공통점이 있다. 정신과 의사로서 한 말보다, 그냥 그 사람을 생각해서 했던 말과 행동에 더 감동을 받는다는 것이다.

좀 부끄럽지만 내 경험을 이야기하고, 그를 위해 인터넷에서 쉽게 접하기 힘든 지식·정보를 찾아서 적어주고, 도움을 줄 수 있는 공공기관을 연결해주는 일. 가끔 정신과 의사로서 내가 왜 그 말을 했을까 누웠다가 벌떡 일어나고, 책을 찾고 전화를 하며 한숨 쉬기도 하지만, 마지막엔 늘 미소지을 수 있다.

한 달에 적어도 한 명은 손목을 긋거나, 자살을 시도한 사유로 우리 병원을 찾는 중고등학교 학생이 있다. 그들은 한결같이 내게 따지듯이 묻는다.

"제가 왜 살아야 하죠? 전 살면서 행복한 적이 없는데요."

그럴 때마다 난 지금 이 이야기들 중 일부분을 들려준다. 그리고 마지막에 이 말을 덧붙인다.

"… 모든 사람이 자신의 행복을 위해 사는 것은 아냐. 아직도 앞날이 한창인 네가 이런 행동을 하지 않았다면 몰랐을 수도 있어. 많은 이들이 다른 사람의 행복을 위해 살아. 지금 네 옆에서 울고 있는 어머니도 자신의 행복이 아닌 바로 너의 행복을 위해 살고 있어. 네가 왜 살아야 하냐고 굳이 내게 묻는다면 그냥 엄마를 위해 한번 살아봐."

이 책의 결론이 성공한 기버가 되기 위해 자신의 이익을 도모하며 다른 사람을 도와주라고 말하고 싶진 않다. 가만히 생각해보면 우리 주변엔 수많은 행복을 주는 사람이 있다. 그들이 내게 행복을 주는 이유에 대해 생각하지 말자. 그들이 나에게 행복을 줄 만큼 충분한 여유가 있는 사람인지 여부도 생각하지 말자. 그냥 감사하게 받고, 나도 가끔은 그런 사람이 되면 된다. 그뿐이다.

관계라는 것은
항상 어렵습니다

작년 스승의 날. 존경하는 선생님이 한 권의 책을 내게 건넸다.

"요즘 책 읽는 재미에 푹 빠져 있어. 지금부터 1,000권쯤 읽고 환갑이 지나서 딱 한 권의 책을 내고 싶어. 정말 정성스레 적어서 말이야."

'로맨스는 별책부록'이란 드라마를 봤다. 잔잔한 로맨스 이야기를 보고 싶었는데 눈에 들어오는 것은 한 권의 책이 만들어지기까지 얼마나 많은 사람의 노력이 필요한지였다.

출판사 대표를 만났다. 선생님이 적은 책은 마음이 아픈 사람이 읽는 것이라고 말했다.

나름으로 열심히 책을 쓰고 있었는데 이런 일련의 일들은 참 마음을 힘들게 했다. 그래서 한동안 손을 놓고 있었다. 시간이 흘러 가을이 되었다. 이 무렵이면 동문과 1박 2일 모임을 한다. 한 권의 책을 선물한 교수님이 다른 사람들 앞에서 말했다.

"전 교수님 제자 중에서 제가 제일 운이 좋은 사람이라고 생각했거든요. 그런데 저보다 더 운이 좋은 사람이라고 생각한 사람이 딱 한 명 있는데요. 그게 바로 홍종우 선생이에요."

난 이 말이 낯설지가 않다. 부모님은 지금도 내게 말한다.

"난 네가 의사라는 것이 믿기지가 않아. 네가 어떻게 의사가 됐지?"

고등학생 시절 의사가 될 마음은 조금도 없었다. 아니 꿈이라는 것 자체가 강하지 않았다. 그래서 가끔 꿈이 확실한 청소년을 보면 대단하단 생각이 든다. 어찌 저 나이에 저리도 분명한 꿈을 가지고 있을까 존경스럽다. 내가 의사가 된 이유는 명확하다. 첫사랑 여자친구가 넌 흰 옷이 잘 어울린다며 의대에 갔으면 했다. 그것 외 어떤 이유도 없었다.

"저 정신과 할게요."

교수님께 이 말을 하기까지 많은 고민은 없었다. 친한 형이 같이 정신과를 지원하면 좋겠다고 권했다. 친구에게 이야기했 더니 정신과 의사가 내게 어울린다고 했다. 내가 정신과 의사가 되기까지 과정이다.

"뭐? 네가 정말 사람들 앞에서 강좌를 한다고? 그걸 네가 어 떻게 해?"

처음 강좌를 한다고 했을 때 부모님의 반응이다. 전혀 놀랍지 않았다. 난 무대공포증이 확실한 사람이었다. 무대까지도 필요 없었다. 윗사람과 단둘이 이야기하는 것도 힘들었다.

레지던트 1년 차 시절. 첫 발표. 밤을 새워서 연습했다. 우황 OOO도 먹었다. 무사히 넘어갔다. 그런데 발표가 너무 많았다. 거의 매일같이 발표였다. 한 달이 지나고 결심했다. 그냥 욕을 먹자고 말이다. 아직도 기억한다. 교수님이 한 질문과 내가 한 대답. 그리고 세상에서 가장 한심한 놈을 쳐다보는 듯한 표정.

그런데 이렇게 한 학기 정도 욕을 먹다 보니 교수님에게 이야기 하는 것이 떨리지 않았다. 교수님, 선배 선생님들 앞에서 발표가 잦아지다 보니 무대공포증도 사라졌다. 어느새 난 내가 공포증이 있었단 사실도 잊고 있었고 누군가 강좌를 부탁하면 그냥 가서 한다. 물론 다녀와서는 '이 이야기는 하지 말걸'이라고 생각하며 이불킥을 하지만 말이다.

내 삶이 이렇다 보니 청소년들에게 뭐가 되고 싶은지 묻지 않는다. 하는 말이라곤 이렇다.

"10년 뒤에 무슨 옷 입고 출근할래?"

무대 공포증 환자에게는 이렇다.

"발표하는 것 너무 힘들죠. 일단 이 약을 먹고 한번 가족들 앞에서 연습해봐요. 안 되면 이 약까지 드시고요. 이 약까지 먹을 때는 졸릴 수도 있으니 꼭 미리 한번 먹어보세요."

내 경험을 떠올리며 그들이 얼마나 지금 불안한지 알기에 약으로나마 철저한 대비책을 준다. 내 삶을 되돌아보면 '공감'이란 측면에선 정신과 의사가 천직인 것이다.

책을 쓰게 된 이유는 어찌 보면 더 황당하다. 정신과 의사다 보니 주변에서 권하는 경우가 있다.

"한번 잘 써봐. 그럼 내가 아는 사람 통해서 책 한 권 출판하도록 해줄게. 경력에도 한 줄 넣고 좋잖아."

이런 말에는 꿈쩍도 하지 않았다. 그런데 출판사에서 연락이 왔다. 블로그를 통해서 내 글을 보게 되었다고 했다. 글이 좋았다는 칭찬에 계약서에 사인했다. 이것이 내가 책을 내게 된 이유다. 역시 인간은 아니 나는 칭찬에 약하다.

난 그야말로 부족한 사람이었다. 꿈도 없고, 늘 불안해했으며 결정을 내리는 것이 힘든 사람이었다. 지금은 조금 나아졌지만 한마디로 손이 많이 가는 스타일이다.

그런데 운 좋게도 어려울 때면 항상 날 도와주는 사람이 나타

난다. 삶이 이렇다 보니 내게 다른 이들보다 한 가지 뛰어난 점이 있다. 나와 관계를 맺어준 이들에게 가지는 진정한 고마움이다. 너무 소심하고 충동적인 나이기에 연락하지 않거나 마음에 상처를 추고 헤어진 사람이 많다. 물론 내가 상처를 받은 경우도 적지 않다. 그런데 시간이 지나면 그 사람을 만나서 내가 참 운이 좋았다고 생각하고, 그 사람과 있었던 좋은 일에 대해 더 많이 생각하며, 진정으로 그 사람에 대해 고마워한다.

중학교 1학년 담임 선생님. 가족을 제외하고 내가 운이 정말 좋다고 생각하게 만든 첫 번째 인물이다. 내게 선생님은 그야말로 은인이었다. 선생님은 일찍 출근하고 늦게 퇴근하면서 공부를 가르쳐주셨다. 가끔은 내가 없는 책상에 앉아서 노트를 꺼내 맞춤법을 고쳐주시고 가셨다. 난 선생님 덕에 공부에 흥미를 붙일 수 있었다. 지금 생각하면 편애였지만 말이다.

정신과 전문의가 되고 군대를 다녀왔다. 다시 대학병원으로 들어가기 전에 마음의 짐을 덜고 싶어 중학교 1학년 담임 선생님에게 연락했다. 중학교 3학년이 되었을 때 선생님께서 학교를 옮기셨으니 대략 20년이 지나서야 선생님을 찾아뵌 것이다.

"제가 여기까지 올 수 있었던 것은 선생님이 시작점이에요. 20년 동안 항상 그렇게 생각했어요. 오늘을 시작으로 선생님을 자주 뵙고 싶어요."

그 날 이후 선생님에게 전화가 왔다. 정신과를 한번 찾아 가 보겠단 이야기였다. 선생님을 다시 만났을 때 말씀하셨다. 자신도 은사들을 잊고 산다며 나보고 안 찾아와도 된다고 말씀하셨다. 그러면서 지금은 교사로서 열정이 많이 사그라들었다고 했다. 자신에게 그런 열정이 있는 시절이 있었는지도 몰랐다고 말했다. 그런데 내가 선생님의 고요한 마음의 연못에 돌을 던졌다. 이 전화 이후로 난 지금까지 선생님께 연락하지 못했다.

이렇듯 관계라는 것은 항상 어렵다. 책을 쓰려고 하니 이제까지 관계 맺은 사람들에게 한 너무나 부끄러운 말과 행동들이 생각났다. '충동적인 나'가 수면 위로 떠오르면서 출판사에 전화하려 했다. 계약을 파기하자고 말이다. 내가 너무 부족해서 '관계'에 대한 글을 쓰기에는 많이 부족하다고 말하고 싶었다. 그러다 날 여기까지 있게 한 수없이 많은 사람을 생각했다. 중학교 1학년 담임 선생님부터 지금 내 옆을 지키고 있는 많은 사람 얼굴을 떠올렸다. 그리고 다시 한 번 그들에 대한 고마운 마음을 상기시켰다.

책이 나오면 만나야 할 사람이 많다. 내 삶에 있어서 '관계' 2장이 열릴 것 같다. 내게 한 번의 책을 더 낼 기회가 올지 모르겠다. 그때는 좀 더 멋진 미소를 가진 사람이었으면 좋겠다.

■ 독자 여러분의 소중한 원고를 기다립니다

메이트북스는 독자 여러분의 소중한 원고를 기다리고 있습니다. 집필을 끝냈거나 집필중인 원고가 있으신 분은 khg0109@hanmail.net으로 원고의 간단한 기획의도와 개요, 연락처 등과 함께 보내주시면 최대한 빨리 검토한 후에 연락드리겠습니다. 머뭇거리지 마시고 언제라도 메이트북스의 문을 두드리시면 반갑게 맞이하겠습니다.

■ 메이트북스 SNS는 보물창고입니다

메이트북스 홈페이지 www.matebooks.co.kr

책에 대한 칼럼 및 신간정보, 베스트셀러 및 스테디셀러 정보뿐만 아니라 저자의 인터뷰 및 책 소개 동영상을 보실 수 있습니다.

메이트북스 유튜브 bit.ly/2qXrcUb

활발하게 업로드되는 저자의 인터뷰, 책 소개 동영상을 통해 책에 서는 접할 수 없었던 입체적인 정보들을 경험하실 수 있습니다.

메이트북스 블로그 blog.naver.com/1n1media

1분 전문가 칼럼, 화제의 책, 화제의 동영상 등 독자 여러분을 위해 다양한 콘텐츠를 매일 올리고 있습니다.

메이트북스 네이버 포스트 post.naver.com/1n1media

도서 내용을 재구성해 만든 블로그형, 카드뉴스형 포스트를 통해 유익하고 통찰력 있는 정보들을 경험하실 수 있습니다.

STEP 1. 네이버 검색창 옆의 카메라 모양 아이콘을 누르세요. STEP 2. 스마트렌즈를 통해 각 QR코드를 스캔하시면 됩니다. STEP 3. 팝업창을 누르시면 메이트북스의 SNS가 나옵니다.